Bert Mehlhaff & Martina Berg

Richtig schießen mit dem Recurvebogen

Deutscher Bogensportverlag
www.deutscher-bogensportverlag.de

Über die Autoren

Bert Mehlhaff

betreibt den Bogensport seit fast 40 Jahren und ist mehrfacher Landesmeister sowie Deutscher Meister mit dem Recurvebogen.

Er ist lizenzierter DSB-Trainer und seit einigen Jahren Bogenreferent für den Schützenkreis Lippe. In dieser Eigenschaft hat er schon einige Bogensport-Abteilungen ins Leben gerufen.

Seit 6 Jahren schießt er Compoundbogen und ist oft auf 3D-Parcours anzutreffen.

Martina Berg

ist Inhaberin von Bogensport Deutschland und seit einigen Jahren begeisterte Bogenschützin.

Sie schießt instinktiv mit einem Langbogen, ist DFBV-Trainerin und Lippische Meisterin mit dem traditionellen Bogen.

Seit einiger Zeit schießt sie auch mit einem Compound- und einem olympischen Recurvebogen.

Internet:
www.bogensport-deutschland.de

Bert Mehlhaff & Martina Berg

Richtig schießen mit dem Recurvebogen

Von Anfang an – mit vielen praktischen Trainingstipps

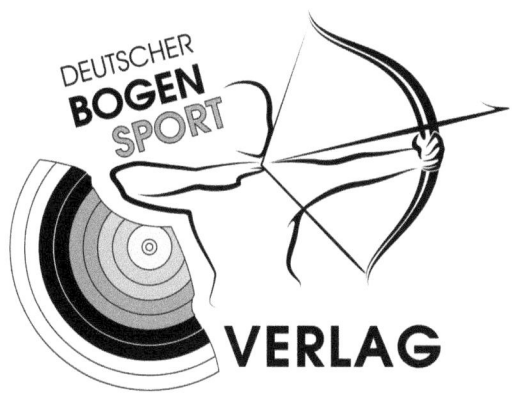

Deutscher Bogensportverlag
www.deutscher-bogensportverlag.de

Bibliografische Information der Deutschen Nationalbibliothek:
Die Deutsche Bibliothek verzeichnet diese Publikation in der
Deutschen Nationalbibliografie; detaillierte bibliografische
Daten sind im Internet unter http://dnb.dnb.de abrufbar.

© Deutscher Bogensportverlag GbR
Bert Mehlhaff und Martina Berg
Bad Pyrmont 2017

Fotos: © Martina Berg
Fotomodel: Kerstin Niere (vielen Dank, Kerstin!)

Herstellung und Verlag:
BoD – Books on Demand, Norderstedt 2017

ISBN: 9783744894845

Inhaltsverzeichnis

Ein paar einleitende Worte

Seit den Olympischen Spielen 1972 in München gehört Bogenschießen wieder zu den olympischen Sportarten. Zuvor war es bereits bei den Olympischen Spielen 1900, 1904, 1908 und 1920 im Programm.

Die technologische Entwicklung hat den Bogen von einem einfachen Langbogen zu einem hochentwickelten Sportgerät gemacht, dass mit einer ganzen Reihe von Zubehör ausgestattet werden kann, um präzisere Schießergebnisse erzielen zu können. Das Bogenschießen bezeichnet man daher auch als *Präzisionssport*.

Laut der Studie einer amerikanischen Universität ist das Bogenschießen, nach Golf, die technisch zweit schwierigste Sportdisziplin der Welt. Unser Sport fordert Geist und Körper und verlangt gleichermaßen Achtsamkeit, Konzentration, Genauigkeit und Durchsetzungsstärke.

Darüber hinaus ist Bogenschießen die einzige olympische Sportart, bei der sich Behinderte und Nichtbehinderte im sportlichen Wettkampf gemeinsam messen können.

Das Bogenschießen kann man das ganze Jahr über, in der Halle oder im Freien, mit Freunden oder alleine ausüben. Es ist ein interessanter Freizeitsport, der keine Altersgrenzen kennt und bei dem Geschicklichkeit und Konzentration weitaus wichtiger sind als übermäßige Kraft.

Überdies gibt es beim Bogenschießen im Vergleich zu anderen Sportarten ein sehr geringes Verletzungsrisiko. Bei bestimmten Behinderungen und Erkrankungen stellt der Bogensport eine ideale Möglichkeit dar, sich sportlich zu betätigen und er wird oftmals als Therapie vorgeschlagen und eingesetzt.

Bogenschießen ist gut für Körper und Seele

Bei einem Turnier nach den Regeln der World Archery (WA) im Freien werden 72 Pfeile auf verschiedene Distanzen (Einteilung nach Altersklassen) geschossen. Solch ein Turnier dauert bis zu sechs Stunden. Dabei werden allein zum Holen der Pfeile rund 2 km zurückgelegt.

Beim Jagd-, 3D-Parcours- und Feldbogenschießen legt man teilweise noch erheblich längere Wegstrecken in abwechslungsreichem Gelände, zumeist mit erheblichen Höhenunterschieden zurück. Diese körperliche Betätigung ist neben der eigentlichen Schießbelastung sehr gesund und förderlich für den Gesamtorganismus.

Daneben sind Ausdauer, innere Ruhe und Ausgeglichenheit günstig für die Ausübung - aber auch angenehme Effekte dieser Sportart. Nicht zuletzt wegen der in der Regel abgeschiedenen Lage der Bogenplätze bilden diese geradezu Oasen der Erholung von Stress und Alltagslärm. Neben der körperlichen Belastung erfordert der Bogensport auch eine Notwendigkeit zu mentalen Übungen.

Nur ein ruhiger, entspannter und konzentrierter Geist ist zu guten Leistungen fähig. Schon der Anfänger lernt schnell, dass nicht Wille und Ehrgeiz zu einem guten Trefferbild führen, sondern Konzentration, Gelassenheit und beständiges Üben mit korrekter Technik.

Da man diese Eigenschaften auch im täglichen Leben benötigt, nutzt man in Asien unter anderem das Bogenschießen seit Hunderten von Jahren, um Menschen gleichermaßen Gleichmut, Konzentration, Genauigkeit und Durchsetzungsstärke zu vermitteln.

Bei einem perfekten Schuss wird man oft durch eine besondere Magie belohnt:

Alles stimmt - der Stand, die Spannung, das Gefühl -
und man spürt es - nein, man weiß es einfach:
noch bevor man den Pfeil ablässt, weiß man, das er trifft.
Man hat schon getroffen, bevor man geschossen hat!
Der Pfeil löst und man sieht ihn fliegen auf dem Weg zum Ziel
und er trifft - genau ins Zentrum!

Holen Sie sich die Unterstützung eines Bogensport-Trainers

Bevor Sie mit Ihrem Training der einzelnen Positionsphasen beginnen, sollten Sie einen erfahrenen Schützen oder besser noch einen ausgebildeten Bogensport-Trainer bitten, Ihnen zur Seite zu stehen. Da Sie sich nicht selber während des Schusses anschauen können und auch oftmals kein geeignet großer Spiegel zur Verfügung steht, brauchen Sie die Augen eines erfahrenen Schützen beziehungsweise Trainers. Dieser wird Sie dann mit fachkundigem Rat in Ihren Bemühungen unterstützen.

Es empfiehlt sich gerade für Anfänger, die geforderten Bewegungs-abläufe zunächst nur stilistisch, also ohne Bogen durchzuführen. Da bei diesen „Trocken-Übungen" die Druckbelastung des Zuggewichtes zunächst fast komplett wegfällt, können Sie sich voll und ganz auf die korrekten Abläufe konzentrieren.

Lassen Sie sich Zeit, um die richtigen Bewegungsabläufe zunächst geistig zu verinnerlichen. Dieses verkürzt Ihr gesamtes Anfänger-training deutlich und Ihre ersten Erfolgserlebnisse stellen sich wesentlich früher ein!

Erster Teil: Die technischen Elemente des Schussablaufes beim Bogenschießen

Im modernen Bogensport werden die folgenden Positions- und Bewegungsphasen unterschieden:

- 0. Die Nullstellung
- 1. Die Vorspannposition
- 2. Die Anhebeposition
- 3. Die Halteposition
- 4. Die Nachhalteposition

Die Nullstellung

Mit der oft unterschätzten „Nullstellung" fängt der Schussaufbau an. Ziel ist es, einen stabilen Stand zu finden, der für den Schützen angenehm ist und eine optimale Ausgangssituation für den folgenden Bewegungsablauf bietet.

Der Bogenschütze stellt sich unter Beachtung der folgenden Punkte an der Schießlinie auf:

- er nimmt bei aufrechter Körperhaltung einen parallelen oder offenen schulterbreiten Stand ein. Beim *parallelen (oder geschlossenem) Stand* stehen die Füße auf gleicher Höhe parallel nebeneinander:

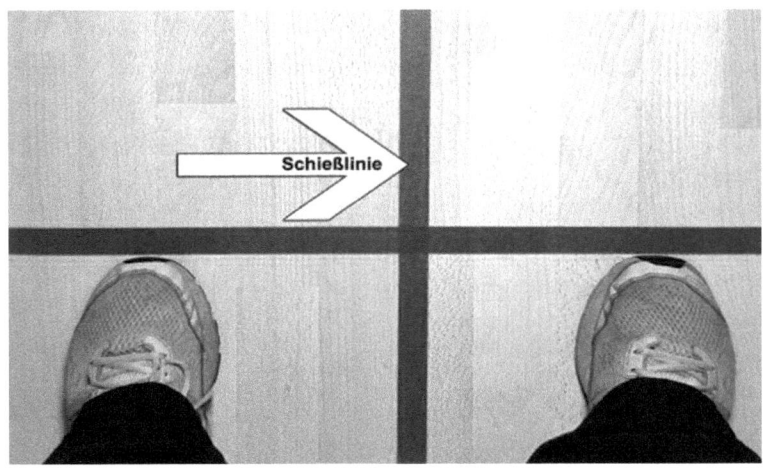

Geschlossener oder paralleler Stand

Beim **offenen Stand** ist der hintere Fuß etwas nach vorne gesetzt:

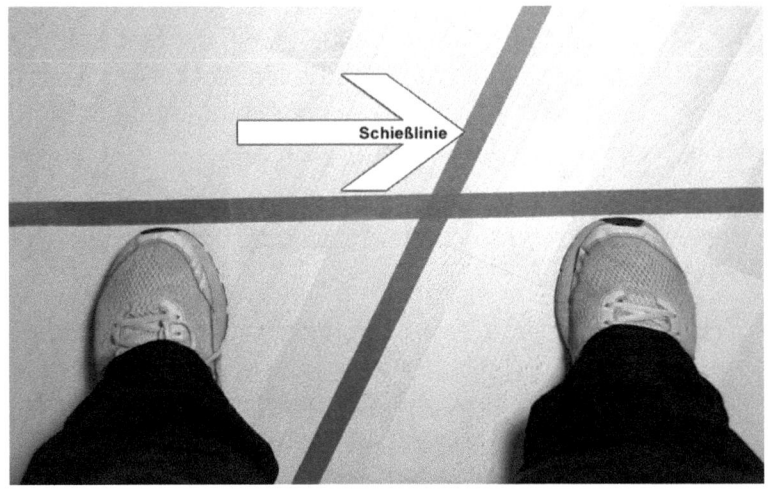

Offener Stand

- Der Schütze verteilt sein Körpergewicht zu circa 60% auf die Fußballen und zu circa 40% auf die Fersen.

- Der Schütze steht aufrecht und befindet sich in einem angenehmen Spannungszustand.

- Die Fußspitzen stehen auf gleicher Höhe und die Fersen werden direkt hinter den Fußballen positioniert.

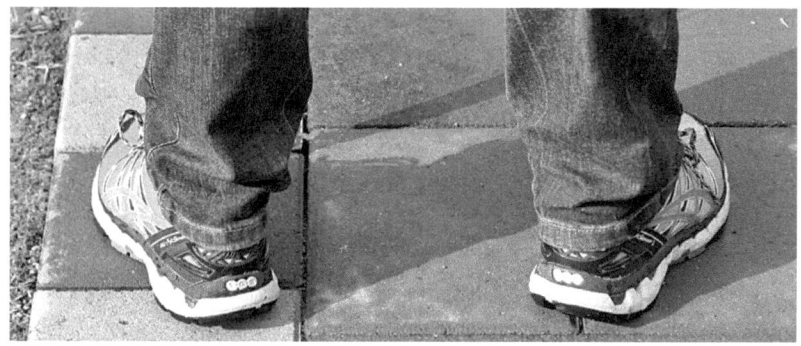

Nicht so – hier stehen die Fersen viel zu weit nach innen

So ist es richtig – Fußspitzen und Fersen parallel nebeneinander

In der nun folgenden Bewegungsphase wird der Körperkern aktiviert. Dieses bedeutet, dass der Schütze seine Bauch- und Gesäßmuskulatur leicht anspannt ohne dabei zu verkrampfen.

Die Kniegelenke werden leicht (!) nach hinten gedrückt und das Becken nach vorne gekippt. Dieses führt dazu, dass das Rückgrat gestreckt und stabilisiert wird. Zusätzlich wird das Brustbein tief gestellt und die Schultern sind tief und auf gleicher Höhe.

Hier nochmal zusammengefasst:

- Aktivierung des Körperkerns durch leichte Anspannung der Bauch- sowie der Gesäßmuskulatur

- Becken nach vorne kippen (dabei wird das Rückgrat in eine gerade und stabile Position gebracht)

- Brustbein tiefer stellen

- Schultern sind und bleiben tief und auf gleicher Höhe (keine Höhenunterschiede)

Abstellen des Bogens auf dem Fuß

Das Abstellen des Bogens auf dem Fuß der Stützseite zwischen den einzelnen Schüssen sollte man sich von Beginn an angewöhnen. Dies gehört zwar nicht zum „offiziellen" Schussablauf, gibt aber der Muskulatur die Möglichkeit, sich zu entspannen. Das Abstellen spart im Laufe eines Turniers und beim Training viel Kraft.

Definition: Stützseite und Zugseite
Die Stützseite ist die Körperseite, deren Arm und Hand den Bogen hält. Bei einem Rechtshandschützen ist dies die linke, bei einem Linkshandschützen die rechte Seite.   Arm und Hand der Zugseite ziehen die Sehne. Dies ist bei einem Rechtshandschützen die rechte Körperseite und beim Linkshänder die linke Körperseite.

Nun wird die Zugseite mit Zugarm, Zughand und Zugfingern positioniert.

Dieses bedeutet im Einzelnen, dass

- der Zugarm abgewinkelt wird. Der Oberarm des Zugarmes bleibt nahe am Brustkorb

- die Zughand (das Handgelenk) senkrecht steht, gerade bis überstreckt ist und sich etwa auf Höhe des Bauchnabels befindet

- die Finger der Zughand (Zeigefinger, Mittelfinger und Ringfinger) parallel und im ersten Fingergelenk an der Sehne eingehakt sind.

  Der Daumen wird entspannt in den Handteller gelegt und der kleine Finger angewinkelt.

  Die Druckverteilung der Zugfinger an der Sehne sollen folgende Belastungsgrenzen aufweisen:

    1. Zeigefinger ca. 40%

    2. Mittelfinger ca. 50%

    3. Ringfinger ca. 10%

- Die Fingerposition muss bis zum Lösen so gehalten werden.

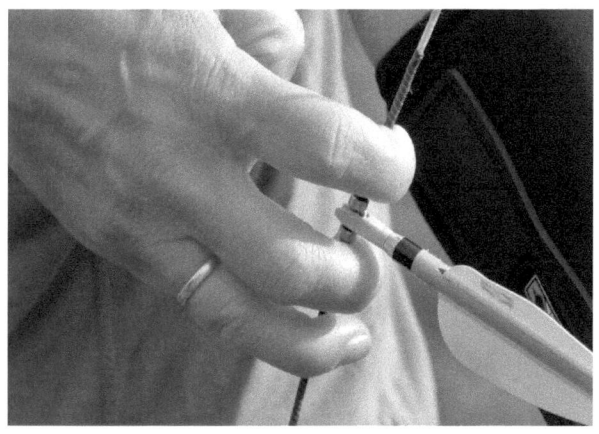

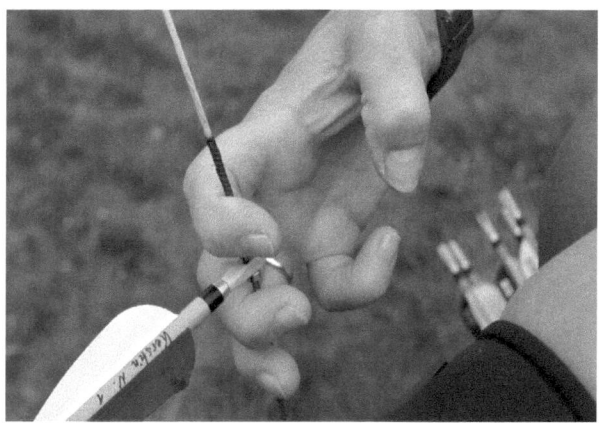

Das richtige Einhaken der Finger an der Sehne

Sobald der Bogenschütze dieses umgesetzt hat, wird nun die Stützseite positioniert.

Das bedeutet im Einzelnen:

- der Dreh- und Anstellwinkel des ausgestreckten Armes liegt bei ca. 30°

- der Anstellwinkel der Bogenhand beträgt ca. 45°

- der Druckpunkt liegt im tiefsten Punkt des Griffes (Pivot-Point) und liegt rechts von der Lebenslinie. Es wird hier also nur mit dem Daumenballen gegen das Griffstück gedrückt.

Ganz wichtig: Der richtige Druckpunkt.
Gedrückt wird nur mit dem Daumenballen.

Hier endet die Nullstellung und es beginnt die erste Positionsphase.

Positionsphase 1 - Die Vorspannposition

- Der Kopf ist gedreht, bleibt gerade, neigt sich nicht nach links oder rechts und wird nicht nach hinten oder vorne gestreckt.

- Der Blick ist zum Ziel gerichtet.

- Die Hüfte ist parallel zum Stand.

- Die Bogenschulter zeigt in Zielrichtung und bleibt tief positioniert.

Jetzt werden der Zugarm und der Bogenarm gemeinsam bis auf Augenhöhe angehoben. Achten Sie bitte darauf, dass dabei die Bogenschulter nicht nach oben „wandert", was letztendlich zu einer Destabilisierung des Kraftdreiecks führt.

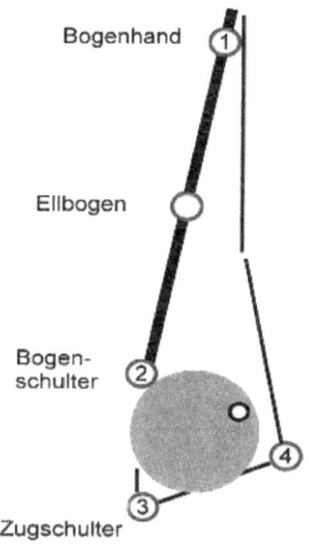

Grafische Darstellung des Kraftdreiecks

Im nächsten Bewegungsablauf wird die Zugschulter in Richtung der Stützlinie 1-3 bewegt. Diese Bewegung wird als Extra-Set bezeichnet.

Das Extra-Set ist für den Anfänger meist eine besondere Herausforderung, da die Schultermuskulatur in den meisten Fällen „nicht sehr beweglich" ist. Bleiben Sie bei der Bewegung des „Extra-Sets" in Ihrem Trainingseifer am Ball und üben Sie dieses besonders am Anfang intensiv. Es wird sich für Sie lohnen. Sie kommen dadurch wesentlich leichter in die Rückenspannung, auf die weiter hinten im Buch noch ausführlicher eingegangen wird.

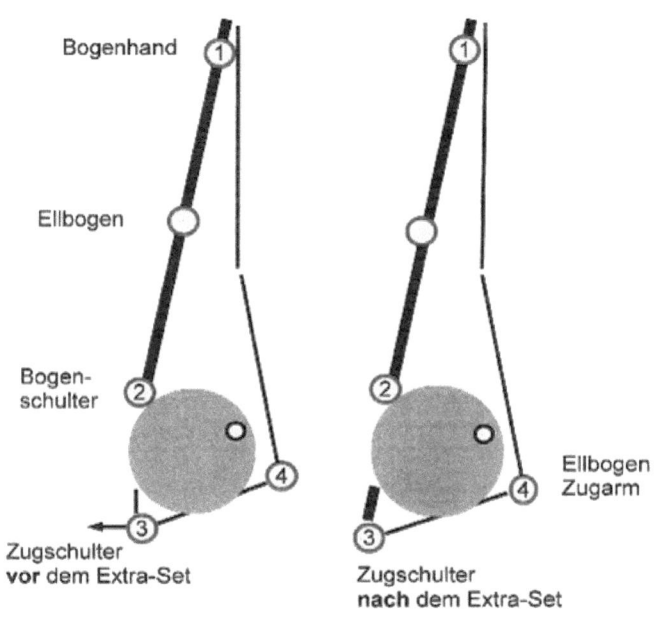

Stützline 1 – 3 beim Extra-Set

Grafische Darstellung des Extra-Sets

Haben Sie die Zugschulter nun in Richtung der Stützlinie 1-3 bewegt, erhöht sich die Vorspannung nahezu automatisch. Sie haben die erste Positionsphase erfolgreich abgeschlossen und können gleich in die nächste Positionsphase übergehen, die Anhebeposition.

Bogenschützin in korrekter Vorspannposition

Positionsphase 2 – Die Anhebeposition

- Das Kraftdreieck (Stützlinie 1- 3) ist stabilisiert

- der Vorzielpunkt (oberhalb der Zentrumsmitte in den blauen Scheibenringen) ist erfasst

- Die Spannung verteilt sich auf ca. 70% Rückenspannung und ca. 30 % Unterarmspannung

Anhebeposition

Die jetzt folgende Bewegungsphase gliedert sich in das Laden, das Ankern und den Transfer.

Der Bogenschütze muss beim **Laden** folgende Bewegungsphasen korrekt ausführen.

- Die Bogenschulter muss stabil gehalten werden und bleibt tief positioniert.

- Die Zughand wird geradlinig in die sogenannte Ladeposition unterhalb des Kinnes (ca. 5 bis 8 Zentimeter Abstand vom Kinn) geführt.

- Die Zugschulter wird weiter in Richtung der Stützlinie 1-3 geführt.

- Der Zugarmellbogen bleibt innerhalb der Pfeillinie. Der Ellbogen, Ober- und Unterarm, das Handgelenk, der Handrücken und die Fingerposition bilden eine gerade Linie.

- Die Rückenspannung sollte jetzt bei ca. 80% und die Unterarmspannung bei ca. 20% liegen.

Ladeposition

Jetzt kommt der Bogenschütze zu einer am Anfang für ihn sehr schwierigen Bewegungsphase, dem **Ankern**. Hierbei muss der Zeigefinger bündig unter dem Kieferknochen abschließen. Zuerst muss sich

- Der Zugarm und die Zughand gleichmäßig und auf gleicher Höhe nach oben bewegen.

- Der Zeigefinger schießt bündig unter/mit dem Kieferknochen ab.

- Die Sehne berührt die Kinnmitte und die Nasenspitze liegt auf der Sehne an.

- Die Rückenspannung liegt jetzt bei ca. 90% und

- die Unterarmspannung liegt jetzt bei ca. 10%.

Das Ankern unter dem Kinn

Jetzt folgt der **Transfer**: Hierbei handelt es sich um eine sehr kleine, aber konsequente Drehbewegung des Zugarmellbogens in Richtung der Stützlinie 1-3

- Rückenspannung ca. 90 % plus X (nahe 100 %)

Stützlinie in der Transferphase

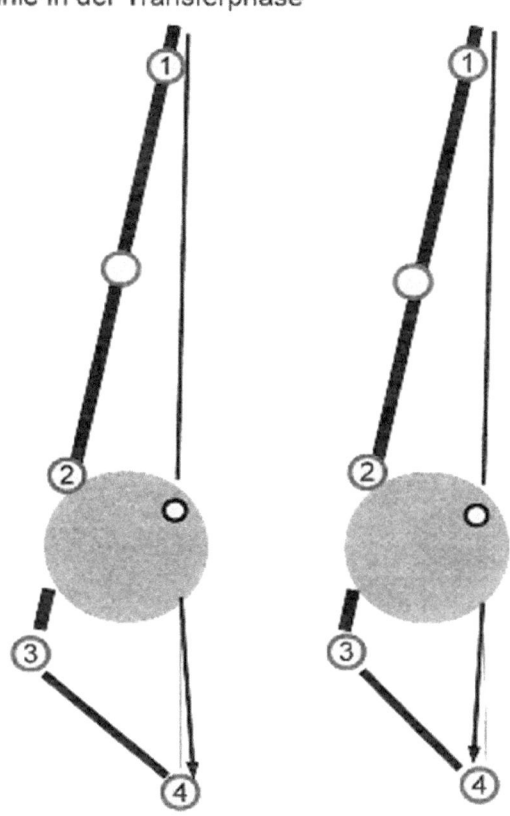

Position Zugarmellbogen
vor der Drehbewegung

Position Zugarmellbogen
nach der Drehbewegung

Grafische Darstellung des Transfers

Positionsphase 3 - Die Halteposition

Der Bogenschütze hat nun die sogenannte Lagebeziehung von Stütz- und Zugseite optimiert. Dieses bedeutet, dass die Kräfte auf der Zugseite sich im Einklang befinden mit den Kräften auf der Stützseite (50 % Stützseite und 50 % Zugseite) und sich somit der Körper in der Balance befindet.

Zusätzlich hält der Schütze seine Rückenspannung und auch die Stützlinie 1-3 konsequent aufrecht. Es ist vom Schützen als auch vom Trainer darauf zu achten, dass es zu keinem Verlust der Rückenspannung oder der Halteposition kommt, da sich sonst die Kräfteverhältnisse ändern und der weitere Bewegungsablauf nicht korrekt ausgeführt werden kann.

Halteposition

Zielen in der Halteposition

Hier kommen wir zunächst noch einmal zurück in die Anhebeposition. Dort hatte der Bogenschütze den sogenannten Vorzielpunkt erfasst und hat dann alle Bewegungsabläufe bis zur Halteposition ausgeführt. Hierbei sollte es zu keinen größeren Höhenunterschieden auf Seiten der Zugseite gekommen sein und das Korn beziehungsweise der Visierpin befindet sich noch immer im oberen Bereich der blauen Ringzahlen 5 und 6.

Nun wandert das Korn (oder der Visierpin) von oben her ins Zentrum des Ziels und wird dort gehalten. Leichte Schwankungen innerhalb des Zielfensters sind akzeptabel und tolerierbar. Gerade der Anfänger hat aufgrund seiner noch nicht voll entwickelten Kräfte für das Bogenschießen hier zunächst etwas größere Schwierigkeiten das Korn ruhig in der Mitte zu halten.

Er wird nun versuchen, dieses durch ein längeres Halten des Bogens in der Halteposition auszugleichen. Um so länger er jedoch versucht die Halteposition und das Korn im Zielfenster zu halten, um so größer ist der Kraftverlust und die Schwankungen nehmen mit jeder verstrichenen Sekunde zu.

Zielen Sie deshalb nicht zu lange, denn es kommt der Zeitpunkt, indem Sie die Kontrolle über Ihren Schuss verlieren, was letztendlich zu einer schlechten Trefferlage führen wird.

Hat der Bogenschütze nun das Zielen abgeschlossen muss er sich gedanklich **vom Zielen** lösen und sich auf die Überprüfung des Sehnenschattens konzentrieren.

Was ist der Sehnenschatten und wie setze ich ihn ein?

Hat der Bogenschütze seinen Ankerpunkt (Zeigefinger schließt bündig mit dem Kieferknochen ab) gefunden, befindet sich nun die Sehne Mitte Kinn und direkt vor seinem Zielauge.

Da der Abstand zwischen Sehne und Auge relativ gering ist, erscheint die Sehne dem Schützen als „verschwommen". Dieser Zustand wird mit dem Begriff „Sehnenschatten" umschrieben. Es handelt sich hierbei nicht um einen durch eine Lichtquelle hervorgerufenen Schattenwurf der Sehne.

Merke: Die Sehne ist der Sehnenschatten!

Der Rechtshandschütze schaut nun mit seinem rechten Auge entweder direkt durch die Sehne hindurch oder alternativ links oder rechts an der Sehne vorbei.

Geschieht dieses aus Unwissenheit oder mangelnder Konzentration des Schützen unterschiedlich, so ergeben sich unterschiedliche Trefferlagen in seitlicher Richtung (hier: links und rechts vom Zentrum).

In der Regel verläuft dieser „verschwommene Strich" rechts entlang des Visiers oder links an der Kante des Bogenfensters. Bei der Schießtechnik des Seitenankers kann der Sehnenschatten aber auch an der Außenkante des Mittelteils liegen.

Um eine Korrektur des Sehnenschattens vorzunehmen, bewegt der Bogenschütze nun seinen Kopf leicht nach links oder nach rechts. Solange, bis die Sehne (der Sehnenschatten) die korrekte Position eingenommen hat.

Egal, welche Position des Sehnenschattens vom Schützen favorisiert und angewendet wird, wichtig ist, dass er immer die gleiche Position hat.

Sehnenschatten = Sehne

Zur Verdeutlichung der Wichtigkeit des Sehnenschattens hier noch eine kleine graphische Darstellung zu diesem Thema:

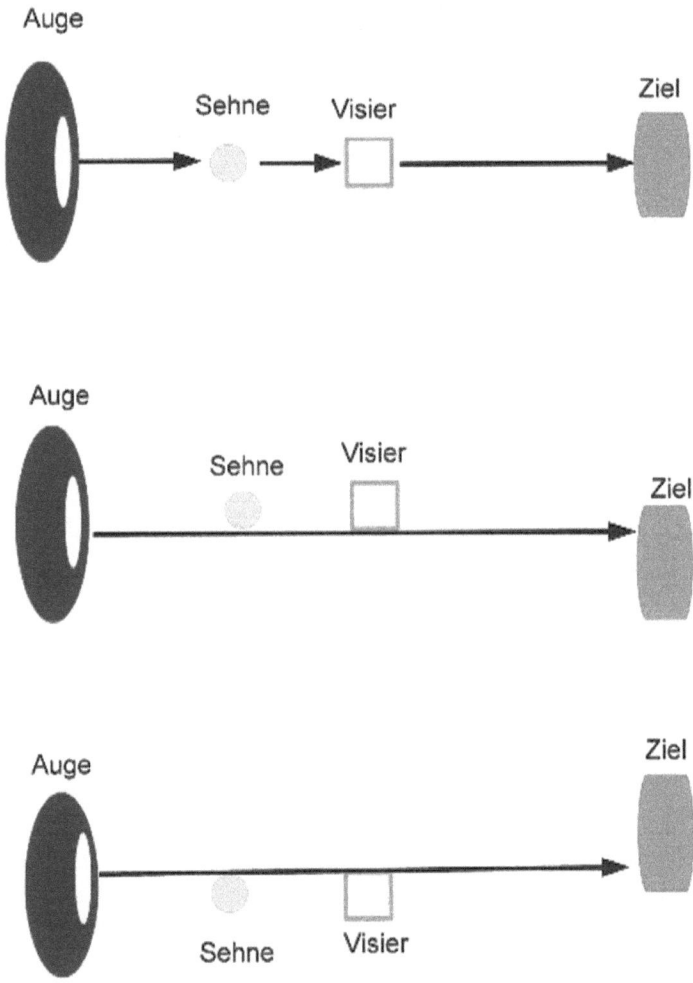

Grafische Darstellung der Bedeutung der Lage
des Sehnenschattens beim Zielen

Nach Überprüfung des Sehnenschatten bleiben die Augen weiterhin auf das Korn bzw. das Ziel gerichtet.

Nochmals kurz zusammengefasst:

- das Korn wandert von oben her ins Zielfenster
- die Position des Sehnenschattens wird überprüft und gegebenenfalls korrigiert
- die Augen bleiben auf das Ziel / das Korn fixiert

Expansion aus der Halteposition

Um den weiteren Bewegungsablauf ausführen zu können, kommt der Bogenschütze nun zur sogenannten Expansion.

Hierbei wird die Rückenspannung weiter erhöht und es wird eine Mikrobewegung von 1 bis 2 mm durchgeführt, die es dann dem Schützen erlaubt, durch den Klicker zu kommen.

Bei dieser Mikrobewegung bewegt sich die Oberarmrückseite parallel zur Schießlinie nach hinten. Die dabei auftretende Kontraktion im Rücken weitet den Brustkorb/Oberkörper.

Dieses nochmals in Kurzform:

- Erhöhung der Rückenspannung
- Mikrobewegung
- Oberarmrückseite bewegt sich parallel zur Schießlinie nach hinten
- Kontraktion im Rücken weitet die Brust

Lösen aus der Halteposition

Der Bogenschütze befindet sich weiterhin in der Halteposition und löst hier das Kräftegleichgewicht auf. Hierbei kommt es zur Freigabe der Sehne und des Bogens.

- Die Sehne gleitet durch die sich entspannenden Finger der Zughand
- Der Bogengriff löst sich von der Bogenhand

Das Lösen beim Bogenschießen gehört sicherlich zu den schwierigsten Bewegungsabläufen in diesem Sport. Der entscheidende Faktor hierbei ist, dass sich im Moment des Lösens die zuvor aufgebaute Rückenspannung bei 100 % befinden muss und sich nahezu kein oder nur ein geringer Teil des Zuggewichts auf den Fingern der Zughand befindet.

Kurz nach dem Lösen

Nur dieser Zustand ermöglicht es dem Bogenschützen, die Finger zu entspannen (kein aktives Öffnen der Zugfinger) um die Sehne durch die sich entspannenden Finger gleiten zu lassen.

Positionsphase 4 - Die Nachhalteposition

Die Nachhalteposition gehört mit zu einem korrekt ausgeführten Schuss und darf auf keinen Fall vernachlässigt werden.

Viele Bogenschützen machen hier den Fehler, dass sie nach dem Lösevorgang den Schuss regelrecht abbrechen. Sie lösen das Kräftedreieck zu schnell und abrupt auf.

Doch der Schuss endet nicht mit dem Lösen an sich, da der Pfeil zu diesem Zeitpunkt die Sehne noch nicht verlassen hat. Erst wenn die Sehne an ihrem Ausgangspunkt (Standhöhe) abgebremst wird, verlässt der Pfeil die Sehne.

In der Nachhalteposition bleiben somit die Bewegungsrichtlinien erhalten, welches bedeutet, dass

- die Zughand dem Zugarmellbogen folgt

- die Bogenhand sich in Zielrichtung bewegt und

- das Bogenhandgelenk nach unten hin abkippt

Zum Abschluss erfolgt das

- Nachzielen und das Nachhalten.

- Die Restspannung wird aufrechterhalten sowie Stützlinie 1-4 wird eingenommen.

Stützlinie 1 – 4 in der Nachhalteposition

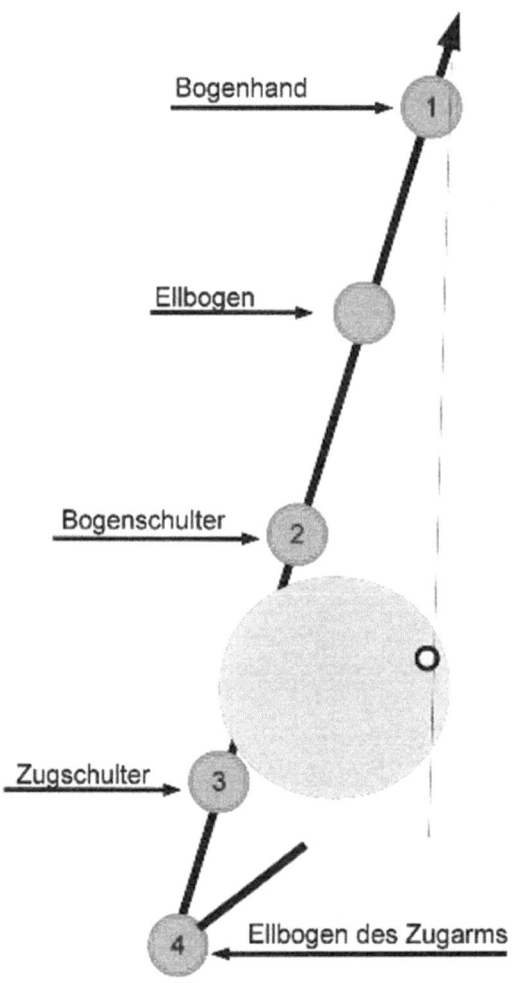

Grafische Darstellung der Stützlinie in der Nachhalteposition

Nachhalten – hier gezeigt von einem Compoundschützen

Der Schussablauf endet mit dem Absenken und dem Entspannen:

- Der Bogen wird abgesenkt.

- Der Bogenschütze begibt sich in die Nullstellung.

- Die Muskeln entspannen sich.

- Der Bogenschütze empfindet seinen Schuss nach und analysiert seinen Schussablauf.

Und schon beginnt der nächste Schuss! Alle ins Gold!

Zweiter Teil: Typische Fehler in den einzelnen Positionsphasen

In jeder der hier beschriebenen Positionsphasen sehen wir in unseren Einsteigerkursen besonders typische Fehler, die wir in diesem Kapitel ausführlich betrachten wollen. Diese Haltungs- und Bewegungsfehler sollten sich gar nicht erst verfestigen. Denn es kostet sehr viel Zeit und Mühe, sich diese wieder abzugewöhnen.

Nullstellung – Fußstellung

Der stabile Stand ist die Grundvoraussetzung für einen guten Schuss. Dazu gehört, dass die Füße parallel zueinander stehen und die Fersen direkt hinter den Fußballen positioniert sind. Oft stehen die Fußspitzen zu weit nach außen:

Hier sind die Fersen NICHT hinter den Fußballen

Richtige Fußstellung

Nullstellung – Gewichtsverteilung

Wichtig für einen stabilen Stand ist auch die Gewichtsverteilung. Das Körpergewicht sollte gleichmäßig auf beide Beine verteilt sein und beide Füße Bodenkontakt haben.

Der Körperschwerpunkt wir leicht nach vorn verlagert. Etwa 60 % des Körpergewichts ruht auf den Fußballen und 40% auf den Fersen. Dies erreicht man, wenn man sich so weit nach vorne neigt bis man einen leichten Gegendruck der Zehen fühlt.

Dabei werden die Knie *leicht* durchgedrückt. Achten Sie darauf, Ihre Oberschenkelmuskulatur locker zu lassen. Eine starke dauerhafte Anspannung der Oberschenkelmuskeln führt nach einiger Zeit zu Schmerzen.

Vorspannposition – Zughand

Gerade Anfänger tun sich sehr schwer, den Handrücken der Zughand gerade bis überstreckt zu halten. Daher sollte man darauf ganz besonders achten.

So ist es richtig – gerader Handrücken der Zughand

Auch das Handgelenk sollte gerade gehalten werden. Abknicken oder Abwinkeln ist auf jeden Fall zu vermeiden. Ein nicht gerades Handgelenk führt zu einem Verdrehen der Sehne.

Vorspannposition – Einhaken der Finger an der Sehne

Zeigefinger, Mittelfinger und Ringfinger der Zughand sollten hinter dem ersten Fingerglied an der Sehne eingehakt werden. Anfänger legen die Sehne oft zu weit vorn auf das erste Fingerglied. Achten Sie unbedingt auf das richtige Einhaken.

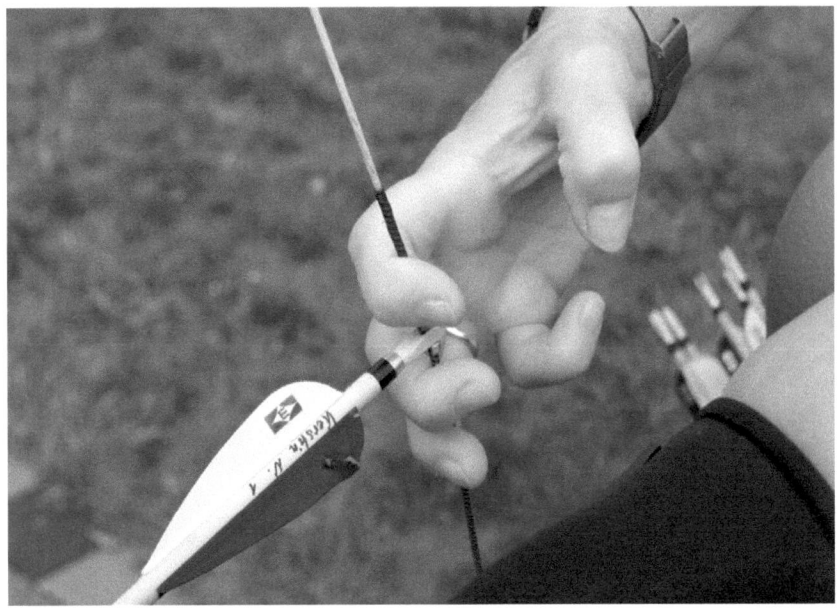

So ist es richtig – die Sehne liegt hinter dem ersten Fingerglied

Der Daumen liegt möglichst entspannt im Handteller, der kleine Finger wird angewinkelt (und nicht abgespreizt!).

Vorpannposition – Druckpunkt

Der Bogen wird nicht festgehalten sondern nur abgestützt, indem die Bogenhand lediglich mit dem Daumenballen gegen den Bogengriff drückt.

Dieser sogenannte Druckpunkt liegt rechts von der Lebenslinie.

Die Fingerkuppen werden ganz leicht vorne auf dem Griff angelehnt. Diese entspannte Handhaltung muss bis zur Nachhalteposition gehalten werden.

Dabei nicht die Finger abspreizen!

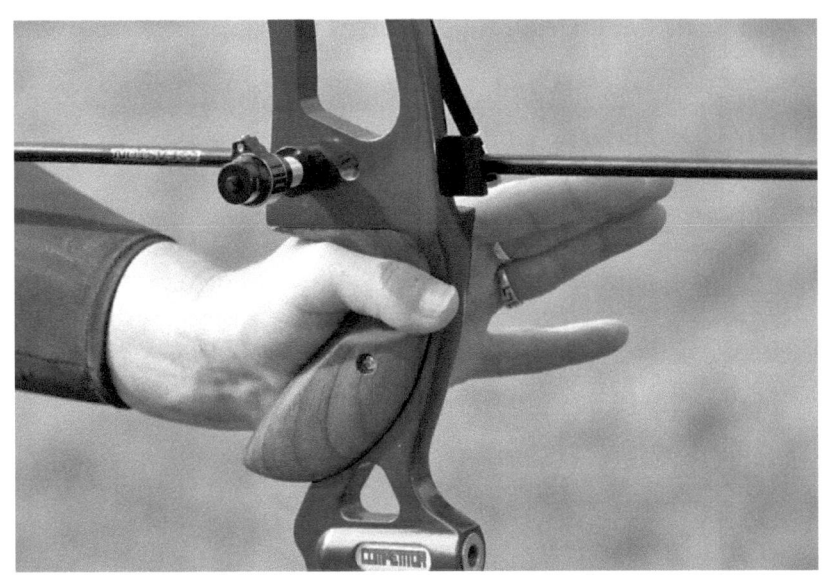

Nicht die Finger abspreizen!

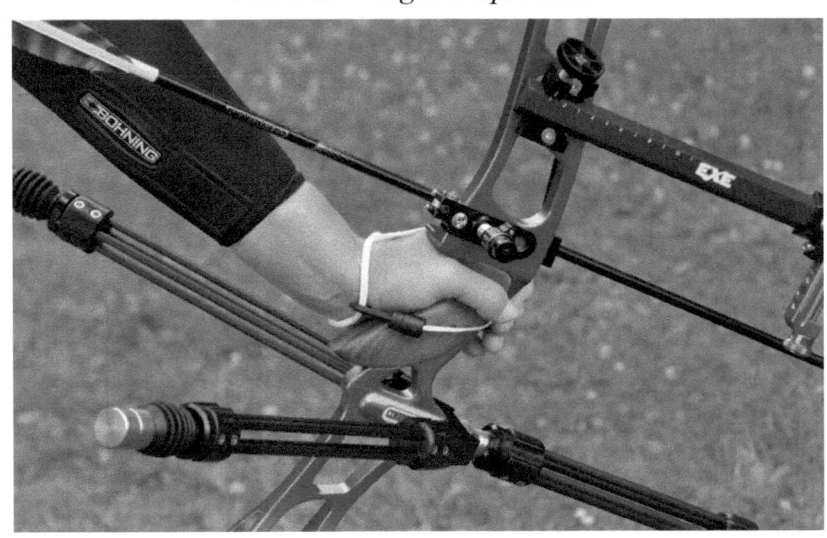

So ist es richtig – Fingerspitzen entspannt am Griff

Vorspannposition – Kopfhaltung

Der Kopf ist gedreht und der Blick ist in der Vorspannposition Richtung Ziel gerichtet. Der Kopf muss gerade bleiben – er wird weder nach links oder rechts noch nach vorn oder hinten geneigt.

Diese Schützin neigt ihren Kopf zu weit nach rechts und ihr Ellenbogen muss höher positioniert werden

Vorspannposition / Anhebeposition – zu hohe Bogenschulter

In der Vorspannpostion ist die Bogenschulter tief positioniert und zeigt in Zielrichtung. Bei vielen Schützen ist die Schulter schon jetzt zu hoch. Stellen Sie sich bewusst gerade hin und weiten Sie Ihren Brustkorb. So fällt es leichter, die Bogenschulter tief zu positionieren und dort auch zu halten.

Achten Sie unbedingt darauf, dass die Bogenschulter während des Anhebens des Bogens auf Augenhöhe nicht nach oben „wandert" sondern stabil tief bleibt.

Der Pfeil sollte optisch (von vorn gesehen) über der Bogenschulter liegen. Diese Schützin hat auch ihren Oberkörper und damit den Körperschwerpunkt nach hinten verlagert. Dadurch wird die Stabilität aufgegeben. Eine korrekte Rückenspannung kann so nicht aufgebaut werden.

Aus der Anhebeposition in die Ladeposition

Das Laden sollte auf keinen Fall beim Bewegungsablauf entfallen. Dazu wird die Zughand geradlinig ca. 5-8 cm unterhalb des Kinns geführt. Handgelenk und Handrücken bleiben dabei gerade.

Ladeposition: Handgelenk und Handrücken sind gerade (hier noch verbesserungsfähig), Ellbogen, Ober- und Unterarm bilden eine Linie. Die Zughand befindet sich ca. 5-8 cm unter dem Kinn.

Achten Sie bei dem nun folgenden Ankern darauf, dass Ihre Zughand gerade bleibt und nicht nach außen gedreht wird. Dadurch würde die Sehne verdreht und ein sauberes Lösen praktisch unmöglich gemacht.

Anhebeposition – das Ankern

Gerade Anfänger tun sich erfahrungsgemäß sehr schwer damit, richtig zu ankern. Zugarm und Zughand werden aus der Ladeposition gleichmäßig und auf gleicher Höhe nach oben bewegt.

Geankert wird mit dem Zeigefinger, nie mit dem Daumen! Der Zeigefinger schließt dann bündig unter dem Kinn fest mit dem Kieferknochen ab. Zwischen Zeigefinger und Kieferknochen darf kein Zwischenraum bleiben.

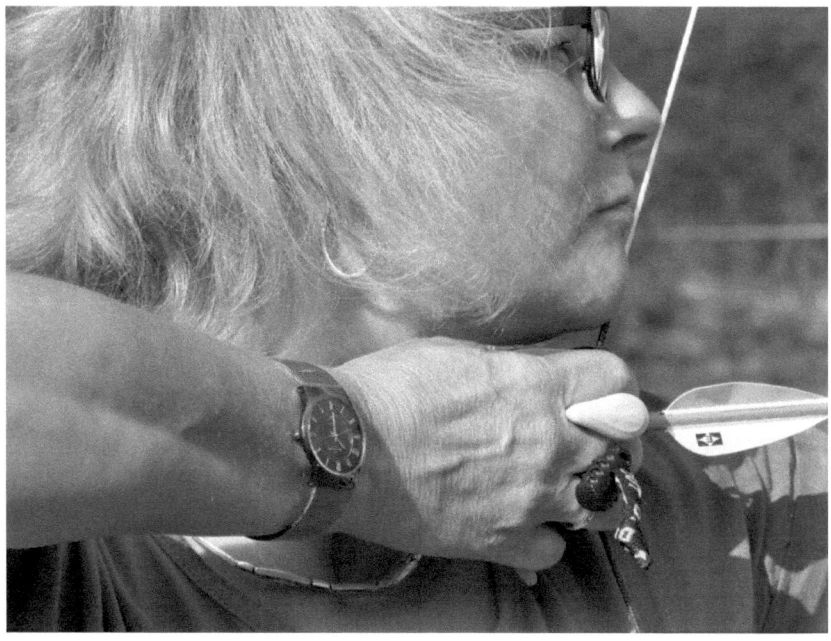

So darf es nicht sein: Hier ist deutlich ein Abstand zwischen Zeigefinger und Kieferknochen zu sehen. Außerdem ist der Handrücken nicht gerade. Dadurch ist ein stabiles Ankern praktisch nicht möglich.

Sobald Sie einen festen Kontakt zwischen Zeigefinger und Kieferknochen hergestellt haben, befindet sich die Sehne Mitte Kinn und die Nasenspitze liegt auf der Sehne an.

Richtiges Ankern: Zeigefinger liegt fest unter dem Kinn/am Kieferknochen, Sehne befindet sich Mitte Kinn und die Nasenspitze hat Kontakt mit der Sehne.

Die Zughand muss senkrecht stehen, der Handrücken gerade bis überstreckt sein und das Handgelenk darf nicht abgeknickt oder abgewinkelt sein.

Rückenspannung wird nicht gehalten

Wichtig ist es, jetzt die Rückenspannung bis zum Lösen kontinuierlich leicht zu verstärken (Expansion). Auf keinen Fall darf die Spannung nachlassen! Dies wird später noch sehr wichtig, wenn der fortgeschrittene Bogenschütze mit dem Klickerschießen beginnt.

Sehnenschatten ist nicht immer an der gleichen Stelle

Der Sehnenschatten muss bei jedem Schuss überprüft werden und er muss sich immer an der gleichen Stelle befinden. Wo Sie den Sehnenschatten platzieren, ist Geschmackssache. Er muss aber immer an der gleichen Stelle liegen. Entscheiden Sie sich für einen Punkt und bleiben Sie dann dauerhaft dabei!

Vorzielpunkt unterhalb des Gold

Gerade Bogensportanfänger heben oftmals den Bogen nicht weit genug an und müssen dann das Visierkorn von unten Richtung Gold anheben. Dies kostet unnötig viel Kraft.

Daher ist es wichtig, den sogenannten Vorzielpunkt oberhalb des Gold anzuvisieren. Das Korn wandert dann von oben ins Ziel.

Zu lange Zielen

Halten Sie, beziehungsweise Zielen Sie, nicht zu lange. Sie werden sonst schnell anfangen zu zittern. Wenn Sie dies merken, dann brechen Sie den Schuss lieber ab und bauen ihn in aller Ruhe von neuem auf.

Fehlerhaftes Lösen

Beim Lösen sollen die Finger nicht aktiv geöffnet werden. Ein aktives, bewusstes Öffnen der Finger führt immer zu einem Verreißen der Sehne zur Seite weg und führt in der Regel auch zu einer nachlassenden Rückenspannung.

Nur eine hundertprozentige Rückenspannung ermöglicht es dem Schützen, seine Finger so zu entspannen, dass die Sehne quasi „automatisch" über die Finger gleitet. Das Lösen ist einer der schwierigsten Bewegungsabläufe beim Bogenschießen und sollte daher am Anfang besonders intensiv trainiert werden.

Nachhalteposition – Bogenarm wird zu schnell fallen gelassen

Viele Bogenschützen brechen unmittelbar nach dem Lösen regelrecht zusammen. Kaum hat die Sehne die Hand verlassen, fällt der Bogenarm. Der Pfeil hat aber zu diesem Zeitpunkt die Sehne noch nicht verlassen. Der Schuss endet erst, wenn die Sehne an ihrem Ausgangspunkt (der Standhöhe) abgebremst wird.

So führt das Fallenlassen vor dem Schussende dazu, dass der Pfeil nach unten abgelenkt wird. Das Ergebnis sind in der Regel Tiefschüsse.

Halten Sie nach dem Lösen die Spannung noch mindestens solange aufrecht, bis der Pfeil in der Scheibe einschlägt (oder etwa 2-3 Sekunden).

Zur Verdeutlichung nachfolgend nochmals die Grafik der zu haltenden Stützlinie 1 bis 4 in der korrekten Nachhalteposition:

Stützlinie 1 – 4 in der Nachhalteposition

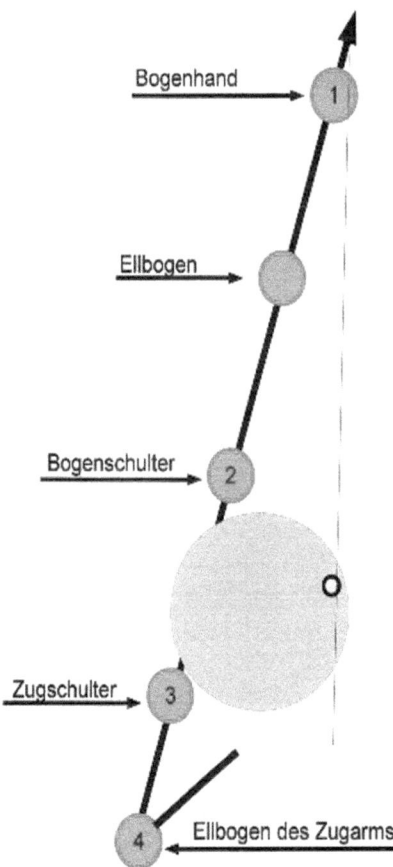

Bogenhand

Ellbogen

Bogenschulter

Zugschulter

Ellbogen des Zugarms

Nachhalteposition - „Schnappen"

Eine weitere Schwierigkeit ist für die meisten Anfänger die Aufforderung, den Bogen nicht festzuhalten. Es dauert in der Regel recht lange, bis man durch intensives Training sein Unterbewusstsein dazu bringt, nach dem Lösen des Schusses den Bogen nicht festzuhalten oder „zuzuschnappen".

Das Schnappen führt in der Regel zu einem Verreißen des Bogens und dies führt je nach Richtung der Bewegung zu Rechts- oder Linksschüssen.

Eine Bogenschlinge ist die Voraussetzung für das „Loslassen" des Bogens. Intensives Training, bei dem man sich ausschließlich darauf konzentriert, die Bogenhand locker und entspannt zu lassen ist anfangs unabdingbar.

*Entspannte Bogenhand – der Bogen wird nach dem Lösen
nur von der Schlinge gehalten*

Anhang

Anhang 1: Bau eines Nullbogens für das Techniktraining

Anhang 2: Die richtige Bogensport-Ausrüstung für den Anfang für rund 210,00 Euro

Anhang 3: Fünf gute Trainingstipps

Anhang 4: Aufbau einer Trainingseinheit sowie Trainingsinhalte

Anhang 5: Lernhilfsmittel für das Bogensporttraining

Anhang 6: Begriffsdefinitionen (Glossar)

Anhang 7: Literaturverzeichnis

Sachregister

Anhang 1: Bau eines Nullbogens für das Techniktraining

Bei unseren Bogensport-Seminaren für Einsteiger bekommen die Teilnehmer in den ersten drei bis vier Trainingseinheiten noch keinen "richtigen" Bogen in die Hand. Die richtige Technik wird zunächst ausgiebig mit einem sogenannten Technik- oder Nullbogen geübt.

Bogenschützin mit Technikbogen

Ein Nullbogen ist ein Plastikrohr mit einer einfachen Schnur als Sehne. Das Zuggewicht ist gleich Null (daher auch der Name) und für den Anfang ideal, um ohne große körperliche Anstrengung die Bewegungsabläufe des Bogenschießens zu erlernen.

Aber auch für fortgeschrittene Bogenschützen ist er ein nützliches Hilfsmittel, um gezielt an diversen "Baustellen" zu arbeiten. Denn auch wenn man schon lange schießt, schleichen sich immer wieder einmal Fehler ein, die man mit einem Technikbogen relativ leicht beheben kann.

Solch einen Technik- oder Nullbogen können Sie recht einfach selber bauen. Das dafür notwendige Material bekommen Sie in jedem Baumarkt, das Werkzeug haben die meisten bestimmt schon zu Hause.

Benötigtes Material:

- Isolierrohr (Länge 2 m, Durchmesser 20 mm)
- PE-Rohrisolierung (Länge 1 m, Innendurchmesser 20 mm)
- Schnur (z.B. Polypropylenschnur, ca. 5 mm stark)
- eventuell Gleitmittel (z.B. Ballistol)

Werkzeuge:

- Bohrmaschine (eventuell Standbohrmaschine, die erleichtert die Arbeit ungemein)
- Schraubendreher (Kreuzschlitz)
- Feuerzeug

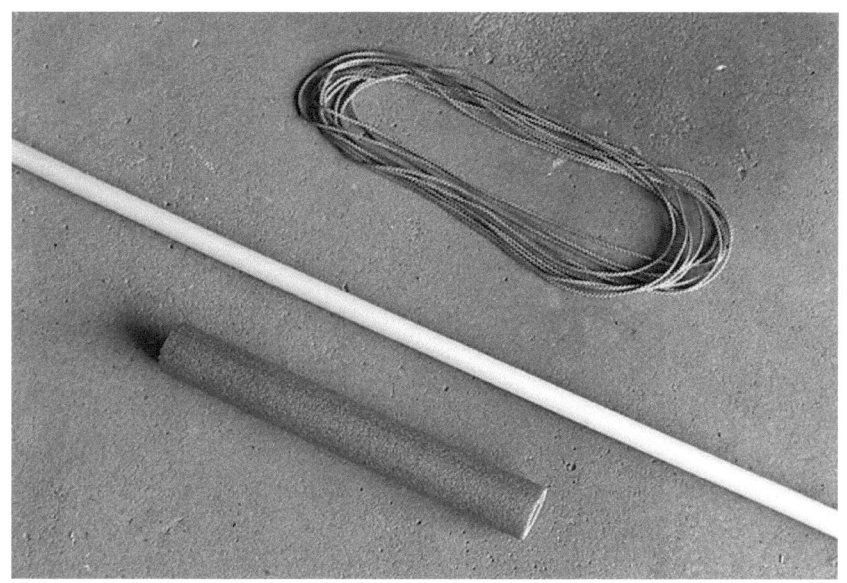

Und los geht es: zunächst jeweils etwa 2 cm von jedem Ende des Isolierrohres ein Loch bohren. Dabei darauf achten, das beide Löcher auf der gleichen Seite des Rohres liegen.

Nicht auch die andere Seite durchbohren und nur so groß, dass die Schnur gerade hindurch passt!

Das Loch mit einem Kreuzschlitzschraubendreher etwas weiten und dabei die Grate entfernen.

Von der Rohrisolierung ein Stück abschneiden (ca. 15 cm, dient als Griffstück). Dieses Stück über das Isolierrohr bis etwa zur Mitte des Rohres schieben.

Ein wenig Ballistol oder Waffenöl in die Öffnung der Rohrisolierung gesprüht erhöht die Gleitfähigkeit und erleichtert dadurch diese Arbeit.

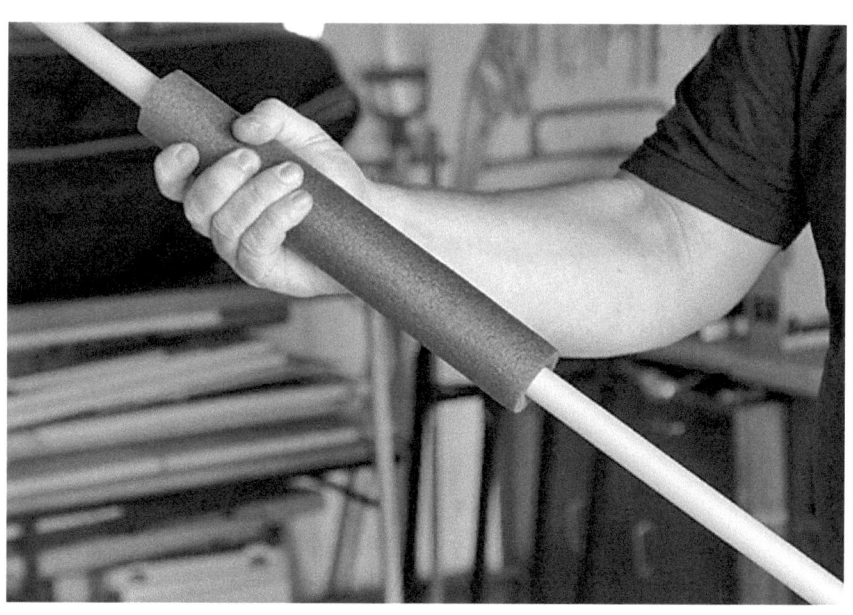

Jetzt wird die Schnur angebracht. Sie sollte ein gutes Stück kürzer sein als das Isolierrohr. Schließlich wollen wir ja einen ordentlich gebogenen Technikbogen haben. Die Schnittkanten der Schnur unter Zuhilfenahme eines Feuerzeuges verschweißen.

Die Schnur von außen durch das gebohrte Loch schieben und am Ende verknoten. Am anderen Ende natürlich genauso.

Und schon ist der erste Nullbogen fertig:

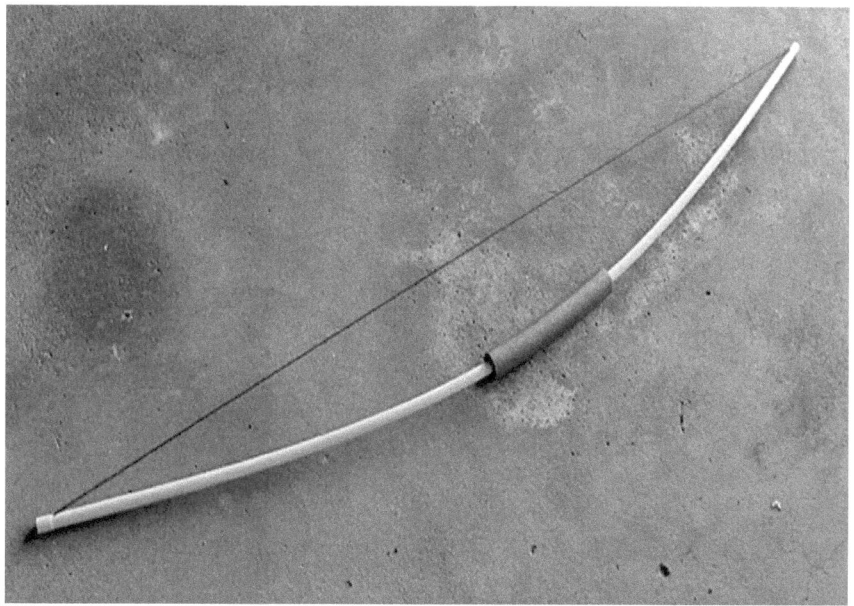

Übrigens weicht die anfängliche Enttäuschung unserer Kurs-
teilnehmer immer schnell der Erkenntnis, wie sinnvoll das erste
Erlernen des Schussablaufs "nur" mit einer "Bogenattrappe" doch
ist. Nämlich spätestens, wenn sie dann erstmals mit einem
Recurvebogen schießen dürfen!

Und wenn dann gestöhnt wird, wie schwer sich so ein "richtiger"
Bogen ziehen lässt, kommt unser Standardkommentar:

"Willkommen beim Bogensport!"

Anhang 2: Die richtige Bogensport-Ausrüstung für den Anfang für rund 210,00 Euro

Gerade Anfänger im Bogensport fragen zu Beginn ihrer Bogen-sport-Laufbahn nach einer möglichst preiswerten Bogensport-ausrüstung. Dies macht auch durchaus Sinn, wenn ich mir noch nicht hundertprozentig sicher bin, ob Bogenschießen auf Dauer "mein Sport" ist.

Recurvebogenausrüstung für Einsteiger

Trotzdem sollte diese Erstausrüstung qualitativ recht hochwertig und vor allen Dingen auch passend sein, damit der Spaß am Bogenschießen nicht leidet und das Material den Anfänger bei seinem Training unterstützt.

Wir empfehlen unseren Anfängern - die in der Regel bereits einen Einsteigerkurs bei uns absolviert haben - meist die nachfolgend beschriebene Bogensportausrüstung, die preiswert und gut ist.

Bogensportausrüstung für Anfänger - die "Pflicht"

1. **Bogen (Mittelteil, Wurfarme, Pfeilauflage, Sehne)**
   Für den Anfang empfehlen wir den Take-Down-Komplettbogen *"RAGIM Wildcat"*. Dieser besteht aus einem recht leichten Mittelteil aus Holz und passenden fiberglasverstärkten Wurfarmen. Mitgeliefert wird eine sehr einfach Pfeilauflage sowie eine Sehne.
   Preis: 79,95 €
2. **Pfeilauflage**
   Der RAGIM Wildcat wird zwar mit einer sehr einfachen Pfeilauflage geliefert. Wir tauschen diese aber gegen die hochwertigere *Hoyt Hunter Pfeilauflage* aus.
   Preis: 3,50 €
3. **Visier**
   Das *Visier DSR 5 Junior* bietet ansprechende Qualität mit gutem Preis-Leistungsverhältnis und reicht für den Einstieg in den Bogensport völlig aus.
   Preis: 17,95 €
4. **Armschutz**
   Gerade am Anfang ist ein Armschutz einfach Pflicht. Und am besten ein langer Armschutz, der Ober- und Unterarm schützt. Preiswert und gut ist der *Langarmschutz TS-AS* mit praktischen Klick-Verschlüssen.
   Preis: 9,95 €
5. **Fingertab**
   Wir haben in unseren Kursen die Erfahrung gemacht, dass gerade das richtige Ankern unter dem Kieferknochen anfangs vielen Bogenschützen Probleme bereitet. Daher empfehlen wir für den Anfang einen Tab mit Ankerplatte. Der *Decut Tab Mix H&R* ist dafür eine gute Wahl.
   Preis: 9,95 €

6. *Bogenschlinge*
Durch die besondere Konstruktion lässt sich die *Gompy Bogenschlinge* auf jede gewünschte Länge einstellen. Außerdem ist sie mit einem Karabinerhaken versehen, zum einfachen An- und Ablegen.
Preis: 6,90 €

7. *Pfeile*
Easton Inspire Carbon Schaft für den Anfänger-Bogenschützen. Komplett mit STD Target Spitze, *EP23-Kunstoffbefiederung* und G-Nock. 6 Stück sollten es für den Start mindestens sein, noch besser wären acht.
Preis (für 6 Stück): 30,00 €

Die "Pflicht" bringt es auf zusammen **158,20 €**.

Bogensportausrüstung für Anfänger - die "Kür"

1. *Köcher*
Ohne Köcher für die Pfeile geht es auf Dauer nicht wirklich. Der Seitenköcher *EXE Wizard* ist chic, praktisch und preiswert.
Preis: 14,95 €

2. *Bogenständer*
Schont den Bogen, besonders beim Schießen draußen. Der *Bogenständer CHR* ist ein einfacher, aber stabiler und preiswerter Bogenständer. Durch die abschraubbaren Ständerfüße läßt sich der Ständer platzsparend verstauen.
Preis: 9,95 €

3. *Pfeilzieher*
Erleichert das Ziehen der Pfeile aus der Scheibe und schont das Material. Der *Pfeilzieher FlexPull* sollte in keinem Köcher fehlen.
Preis: 4,95 €

4. **Bogentasche**
   Für den sicheren Transport der Bogenausrüstung ist die
   Bogentasche Dynamic Base von Aurora ideal. Hier passen
   Mittelteil, Wurfarme, Visier, Armschutz, Fingertab,
   Bogenständer, Bogenschlinge und Pfeilzieher ohne
   Probleme hinein.
   Preis: 22,50 €

Die "Kür" der Grundausstattung kostet zusammen **52,35 €**.

"Pflicht" und "Kür" zusammen kosten also nur 210,55 €.
Gar nicht mal so viel, oder?

Und mit dieser Ausrüstung kann man wirklich gut Bogenschießen –
versprochen!

Preisangaben von Bogensport Deutschland (www.bogensport-
deutschland.de) vom September 2017. Änderungen vorbehalten!

Anhang 3: Fünf gute Trainingstipps

Tipp 1: Wählen Sie für den Anfang ein moderates Zuggewicht

Ein leidiges Thema - gerade Männer wollen am liebsten sofort einen Bogen mit einem Zuggewicht von mindestens 50 lbs schießen. Aber kaum etwas ist für das Erlernen einer guten Schießtechnik kontraproduktiver als ein zu hohes Zuggewicht. "Viel gequält, wenig gezählt" - diesem Ausspruch eines erfahrenen Trainers kann ich nur zustimmen.

In der Regel schafft ein Anfänger zwar meist einige Schüsse mit einem zu starken Bogen. Doch dann wird er merken, das schnell die Kraft nachlässt und das Zittern immer stärker wird. Dies liegt zum einen vielleicht am ungenügenden Trainingszustand. Vor allem aber daran, dass beim Bogenschießen Muskelpartien in Anspruch genommen werden, die bisher noch nicht in Anspruch genommen wurden. Wegen "Übungslahmheit" wird dann die Durchführung eines technisch perfekten Schusses praktisch unmöglich.

Hören Sie bei der Wahl Ihres ersten Zuggewichts und der späteren Steigerungsschritte unbedingt auf Ihren Trainer. Für den Anfang empfehlen wir die folgenden, durchschnittlichen Richtwerte:

Kinder	12 lbs
Jugendliche	14-16 lbs
Zierliche Frauen	16-18 lbs
Frauen (je nach Kondition)	18-20 lbs
Männer (je nach Kondition)	nicht über 24 lbs

Tipp 2: Vertrauen Sie Ihrem Trainer und holen Sie sich oft Feedback

Im Idealfall haben Sie als Einsteiger in den Bogensport einen ausgebildeten Bogensporttrainer an Ihrer Seite. Suchen Sie sich am besten einen Verein, der über einen entsprechenden Trainer verfügt. Und wenn dann noch die Chemie zwischen Ihnen und Ihrem Trainer stimmt und Sie bereit sind, seine Trainingshinweise und Technikkorrekturen zu akzeptieren und durch konsequentes Training umzusetzen, dann sind Sie auf dem besten Weg, ein guter Bogenschütze zu werden.

Gibt es keinen Verein mit qualifizierten Trainern in Ihrer Nähe dann ist der Besuch einer professionellen Bogensportschule eine empfehlenswerte Alternative.

Falls Sie keinen Trainer haben, dann bitten Sie einen erfahrenen Schützen um sein Feedback zu Ihrer Technik. Notfalls hilft auch ein Video weiter. Analysieren Sie die Aufnahmen aber selbstkritisch und arbeiten Sie an Ihrer Technik. Sie sollten zuerst die Technik beherrschen - Ihren persönlicher Schießstil können Sie immer später noch entwickeln.

Tipp 3: Schießen Sie auf Zielscheiben OHNE Auflage

Auch wenn die meisten Schützen es nicht wahr haben wollen: sobald sie auf eine Scheibenauflage (die schöne bunte mit den Kringeln) schießen, richtet sich fast die gesamte Aufmerksamkeit nur aus das Zielen. Die technisch korrekte Ausführung des Schusses wird zur Nebensächlichkeit, obwohl gerade dies bei Anfängern das Wichtigste ist.

Also runter mit den Scheibenauflagen. Konzentrieren Sie sich auf einen technisch perfekten Schussablauf. Die "nackte" Zielscheibe dient nur als Pfeilfang. Wo Ihre Pfeile einschlagen ist anfangs völlig uninteressant. Wenn die Technik stimmt, kommt das Treffen später fast wie von selbst.

Tipp 4: Trainieren Sie auf kurze Distanzen

Wenn Sie schon dabei sind, die Scheibenauflagen abzunehmen, dann holen Sie die Zielscheibe auch gleich näher, viel näher heran. Trainieren Sie Ihre Technik auf kurze bis kürzeste Distanz (5 Meter reichen aus). Auf diese Entfernung brauchen Sie keine Angst davor zu haben, dass Ihre Pfeile die Scheibe verfehlen. Dadurch entspannen Sie und können sich völlig auf das Training Ihres Bewegungsablaufes konzentrieren.

Übrigens trainieren auch die Top-Bogenschützen unseres Nationalkaders regelmäßig auf kurze Distanzen und auf Scheiben ohne Auflagen!

Tipp 5: Lieber Klasse statt Masse

Vermeiden Sie beim Training das sinnlose "Ballern". Gerade im Bogensport sollte es immer heißen "lieber Klasse statt Masse". Also nicht möglichst viele Pfeile schießen, sondern lieber wenige. Die aber in möglichst perfekter technischer Ausführung.

Unser Unterbewusstsein speichert jeden Schuss ab. Leider kann es nicht zwischen guten und schlechten Schüssen unterscheiden. Untersuchungen haben ergeben, dass es 10 gute Schüsse (am Stück!) braucht, um einen schlechten Schuss wieder aus unserem unterbewussten "Bewegungsgedächtnis" zu tilgen.

Eine Erhöhung der Trainingsintensität (mehr geschossene Pfeile) kann dann in Absprache mit Ihrem Trainer nach Verfestigung der korrekt durchgeführten Bewegungsabläufe jederzeit erfolgen.

Wenn Sie diese Trainingstipps beherzigen, dann werden Sie schnell Fortschritte auf Ihrem Weg zum guten Bogenschützen machen.

Anhang 4: Aufbau einer Trainingseinheit sowie Trainingsinhalte

In diesem Kapitel möchten wir auf den Aufbau einer Trainingseinheit für den Bogensportler/Trainer eingehen und diese näher beschreiben. Wichtig in diesem Zusammenhang ist, das der Anfänger oder der noch nicht ganz so geübte Schütze sich zunächst bewusst macht, dass gerade im Bogensport eine Vielzahl von einzelnen Bewegungs- und Positionsphasen perfekt zusammengeführt werden müssen.

Stellen Sie sich hierzu eine große Torte vor, die zunächst in Einzelstücke aufgeteilt ist. Nun schauen Sie sich die einzelnen Schichten Ihres Tortenstückes genauer an. Sie erkennen die einzelnen und manchmal mehr oder weniger dicken Schichten mit abschließendem Zuckerguss. Jedes einzelne Tortenstück steht in der täglichen Trainingsarbeit für eine Positionsphase (PP1 bis PP4), die es zu erreichen gilt. Die einzelne Schicht steht für eine Überschrift Ihrer Trainingsarbeit aus der jeweiligen Phase.

Näheres und ausführlicheres hierzu unter dem Punkt: Meine Entscheidung als Trainer oder Schütze für eine Überschrift, z.B. die Stützseite beim Bogenschießen. Wenn Sie jetzt mit einer Kuchengabel ein Stück der Torte abstechen, dann steht dieses Stück symbolisch für ein Element des Trainingsinhaltes, z.B. die richtige Position der Finger auf der Sehne.

Merke: Ein Element ist genau die Menge, die auf eine Kuchengabel passt und mehr als ein Element passt nicht auf einmal in den Mund.

Die Trainingseinheit

Eine gesamte Trainingseinheit richtet sich ausschließlich auf das vorher definierte Ziel aus. Dieses Ziel sollte der Trainer im Vorfeld mit dem Schützen besprechen und **verbindliche** Inhalte festlegen. Es beginnt mit dem Vorbereitung auf den Hauptteil. Dieses findet hauptsächlich verbal statt, indem der Trainer kurz und präzise beschreibt, was er mit dem Schützen gemeinsam in dieser Trainingseinheit erreichen und umsetzen will. Der Hauptteil besteht aus speziellen Übungen, die zur Erreichung des gesetzten Ziels führen. Der Abschluss besteht aus der Nachbearbeitung des Hauptteils.

Der Aufbau einer Trainingseinheit

Der oder die Teilnehmer werden zunächst vom Trainer auf die jeweilige Trainingseinheit (TE) verbal eingestimmt. Es reicht hier aus, lediglich eine kurze Erläuterung des Inhaltes den Teilnehmern zu geben. Im Anschluss wird ein allgemeines Aufwärmtraining mit einfachen Schwung- und Koordinationsübungen durchgeführt.

Darauf folgt ein spezielles Aufwärmtraining, dessen Schwerpunkt bereits auf das Ziel ausgerichtet ist. Zu nennen wären hier beispielhaft Trockenübungen, Übungen mit dem Theraband oder ein sportliches Spiel. Mit Abschluss des speziellen Aufwärmtrainings endet die Einleitung.

Der Hauptteil

Um auch möglichst schnell und korrekt die spezifischen Trainingselemente zu erlernen oder aus Sicht des Trainers diese zu vermitteln, ist es sinnvoll, sich zunächst folgende Grundsätze zu eigen zu machen:

- immer vom Leichten zum Schweren
- vom Einfachen zum Komplexen
- vom Bekannten zum Unbekannten

Diese drei Aspekte bilden somit die Grundlage für eine erfolgreiche Trainingsarbeit oder das Erlernen von Trainingsinhalten. Aus Trainersicht werden die Übungen zunächst mit viel verbaler Unterstützung und dem Einsatz von Hilfsmitteln durchgeführt.

Danach folgt dann eine Steigerung des jeweiligen Schwierigkeitsgrades unter der Reduzierung der verbalen Unterstützung und den eingesetzten Hilfsmitteln. Im Folgenden wird die Übung ohne Unterstützung und Hilfsmittel ausgeführt.

Erkennt der Trainer, dass die vorherigen Übungen/Teilübungen korrekt ausgeführt wurden, so kann er dann dazu übergehen, die Übung mit dem eigenen Bogen ausführen zu lassen. Erkennt er hierbei, dass es in der Ausführung mit dem Bogen wieder zu Defiziten beim Schützen kommt, so geht man wieder zurück und beginnt die Übungen wie oben beschrieben vom Neuen. Dieses so lange, bis die Übungseinheit korrekt ausgeführt wird,

Bitte achten Sie in Ihrer täglichen Trainerarbeit immer darauf, dass auch Kleinigkeiten bei den spezifischen Übungen richtig und korrekt ausgeführt werden. Auch wenn Ihr Schüler dieses das ein oder andere Mal mit Murren kommentiert, im Nachhinein wird er Ihnen dankbar sein und die Schießleistung wird sich steigern.

Der Abschluss

Hier stehen diverse Lockerungs- und Dehnübungen im Vordergrund. Besonders für die Muskulatur, die während der Übungseinheit speziell oder im Einzelnen beansprucht worden ist.

Lassen Sie bitte dieses aus Zeitgründen nicht ausfallen, da es im Anschluss zu gesundheitlichen Problemen kommen kann. Muss nicht, kann aber!

Die von Ihnen durchgeführte Trainingseinheit endet dann mit einer Nachbesprechung mit den Probanden. Es empfiehlt sich hierbei auch, den Teilnehmern noch Informationsmaterial über die Übungseinheit auszuhändigen. Dieses ermöglicht Ihnen als Trainer, nochmals im Einzelnen gewisse Teilaspekte konkret beim Teilnehmer anzusprechen.

Das Training zum Erwerb der optimalen Technik beim Bogenschießen

Ziel eines solchen Technikerwerbstrainings ist es, dem Bogenschützen spezifische und stabile Gelenkwinkelstellungen durch das Einschleifen des optimalen Bewegungsablaufes in einen automatisierten Bewegungsablauf zu vermitteln.

Dieses hört sich zunächst sehr theoretisch an, aber im weiteren Verlauf werden Sie erkennen, dass dieses schnell begreifbar und umsetzbar ist. Als Grundlage dieses Trainings ist die Grundlage der „methodischen Reihung". Was bedeutet das?

Zu Beginn der Trainingseinheit steht immer die Vermittlung (verbal, Vormachen, Video, Kombination aus verschiedenen Methoden usw.) einer sogenannten Bewegungsvorstellung. Hierbei sei darauf hingewiesen, dass die äußeren Bedingungen, die individuellen persönlichen und sachlichen Voraussetzungen ihre Berücksichtigung finden müssen. Erst wenn das alles „abgeklärt" ist, kann mit der Ausführung des Technikelementes begonnen werden!

Achten Sie als Trainer immer darauf, dass der Einsatz des Therabandes und im Anschluss der Einsatz des Bogens vom Sportler nur dann erfolgen darf, wenn der Schütze die einzelnen Positionsphasen in einer qualitativ ansprechende Güte selbstständig absolvieren kann.

In der nachstehend aufgeführten Reihe sollte das Training aufgebaut sein:

- zunächst Trockenübungen
- dann erfolgt der Einsatz mit einem leichten Theraband
- dann der Nullbogen (je weniger Zuggewicht desto besser!)
- zum Schluss der Einsatz mit Pfeil und Bogen

Zu den Trockenübungen folgen nun noch einige Fotos, die die Übungseinheiten dokumentieren. Zunächst mit dem Theraband:

Vorspannposition *Ankerposition*

Ankerposition   *Nachhalteposition*

Und jetzt mit dem Nullbogen:

Vorspannposition   *Ankerposition*

Nachhalteposition   *Der Bogen fällt (weil er nicht festgehalten wurde)*

Wie Sie den oben dargestellten Positionsphasen und Bewegungsabläufen entnehmen können, beginnt es

- in der Ausgangsposition immer in der Nullstellung (NS). Ist eine Korrektur durch den Trainer erforderlich, beginnt der Schütze erneut in der Ausgangsposition
- der Trainer begleitet mit kurzen Anweisungen permanent den jeweiligen Ablauf
- hohe Wiederholungsraten unterstützen das Einschleifen der korrekten Bewegung und führen so zu einem konstanten Bewegungsablauf sowie eines stabilen und erfolgreichen Schießstils.

Auch wenn es sich in der heutigen Zeit etwas altmodisch anhört, aber Drill ist Automatisation und das will und muss der erfolgreiche Schütze umsetzen und erfüllen.

Hier noch eine kleine Geschichte über einen immerwährenden Kampf – (nicht nur) passend für jeden Bogenschützen:

ZWEI WÖLFE

Eines Abends erzählte ein alter Cherokee-Indianer seinem Enkel die Geschichte vom Kampf der im Geiste eines jeden von uns allen stattfindet. Er sagte: "Mein Sohn, der Kampf findet zwischen zwei Wölfen in uns statt. Der eine ist der Böse - es sind Ärger, Neid, Eifersucht, Leid, Reue, Habgier, Arroganz, Selbstmitleid, Schuld, Missgunst, Unterlegenheit, Lügen, falscher Stolz, Überheblichkeit und Ich-Bezogenheit. Der andere ist der Gute - es sind Freude, Frieden, Liebe, Hoffnung, Gleichmut, Bescheidenheit, Liebenswürdigkeit, Nächstenliebe, Mitgefühl, Freigiebigkeit, Wahrheit, Barmherzigkeit und Vertrauen".

Der Enkel dachte eine Minute lang darüber nach und fragte seinen Großvater dann: "Welcher Wolf gewinnt?" Der alte Cherokee antwortete einfach: **"Derjenige, den Du fütterst."**

Anhang 5: Lernhilfsmittel für das Bogensporttraining

Um die Trainingsarbeit effektiver, abwechslungsreicher und verständlicher zu gestalten, ist der Einsatz von sogenannten Lernhilfsmitteln förderlich. Hierzu gehören all die Dinge, die es dem Trainer ermöglichen, den Lernerfolg zu steigern und zu optimieren.

Hierzu einige Beispiele, die stellvertretend für viele andere Trainingshilfsmittel stehen.

Nullbogen:

Ein Nullbogen ist ein einfacher Stock oder ein Plastikrohr mit einem Gummiband daran. Das Zuggewicht ist gleich Null (daher der Name) und daher für den Anfang ideal, um ohne große körperliche Anstrengung die Bewegungsabläufe des Bogenschießens zu erlernen.

Personenwaagen:

Mit jeweils einem Fuß stellt sich der Schütze auf die schulterbreit aufgestellten Waagen und verteilt das Körpergewicht gleichmäßig auf beide Füße.

Anhand der Anzeigen kann man nun ablesen, wie das eigene Gewicht verteilt wird.

Der Teilnehmer entwickelt hierbei das Körpergefühl für einen gleichmäßigen und stabilen Stand.

Gummiband:

Positionierung des Gummis im ersten Fingergelenk der Zughand. Der Teilnehmer entwickelt hierbei ein Gefühl für die richtige Position der Finger an der Sehne. Wie fühlt sich das an, wenn die Sehne in den Fingern liegt?

Lineal in Verbindung mit zwei oder drei Gummibändern:

Ein Lineal wird mit zwei oder drei Gummibändern am Unterarm fixiert. Das Lineal wird so weit nach vorne geschoben, dass es den Handrücken und einen Teil des Unterarms abdeckt.

Jetzt kann das Handgelenk des Teilnehmers so positioniert werden, dass eine gerade Linie zwischen Handrücken, Handgelenk und Unterarm entsteht (siehe: Positionieren der Zugseite).

Federball:

Ein Federball wird auf den Kopf des Teilnehmers gestellt. Nun soll der Schütze den Bogen anheben, ausziehen und ankern, ohne dass aufgrund einer Kopf- oder sonstigen Bewegung der Federball nach unten fällt. Im Idealfall soll dieses auch noch beim Lösen so sein! Dieses ist eine hervorragende Übung zur Erreichung eines stabilen Schießstils.

Schützin mit Nullbogen und Federball auf dem Kopf

Augenklappe:

Für Schützen, die Schwierigkeiten haben, dass zielende Auge zu öffnen und das andere geschlossen zu halten.

Schlafmaske:

Hierbei soll der Schütze ein Gefühl für den gesamten Schießablauf bekommen. Ohne zu sehen – einfach fühlen. Auch können Teilbereiche im Techniktraining geübt werden.

Laserpointer / Laserspitze:

Hier wird ein Laserpointer am Pfeil oder am Frontstabilisator des Bogens befestigt. Zusätzlich klebt man einen Streifen Klebeband vertikal auf den Boden von der Schießlinie bis zur Zielscheibe.

Der Schütze soll nun so kontrolliert wie möglich seinen Bogen anheben, so das der Laserpunkt sich immer nur auf dem aufgeklebten Streifen bewegt. Das gleiche gilt auch für den Vorzielpunkt und das Zielen selbst.

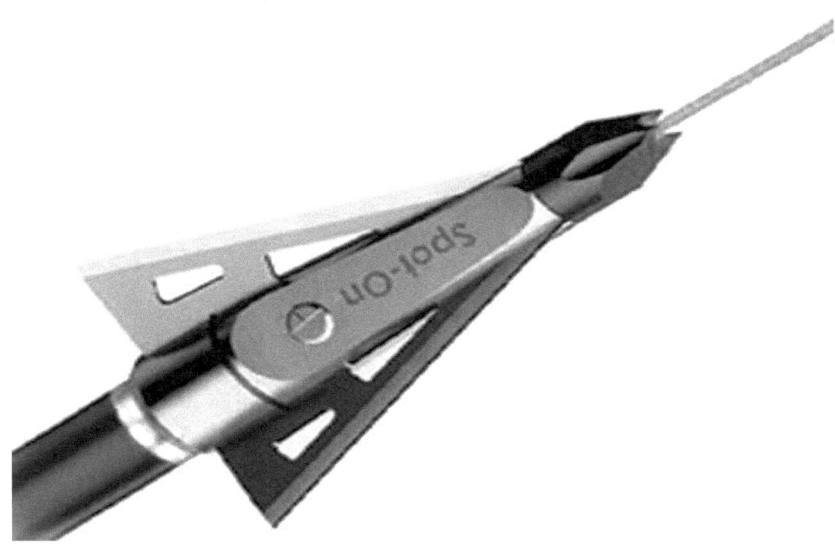

Igelbälle:

Die kleinen Noppenbälle gibt es in unterschiedlichen Größen und lassen sich hervorragend im Aufwärmtraining und zur Schulung der Hand-Auge-Koordination einsetzen.

Warnweste:

Der Schütze zieht die vorbereitete Warnweste mit dem auf dem Rücken befestigten Rohr an. In die Röhre wird nun ein Pfeil oder ein ca. 1,00 Meter langer Holzstab geschoben. Beim Ausziehen des Bogens wird erkennbar, ob der Schütze seine Schultern in die korrekte Position bringt.

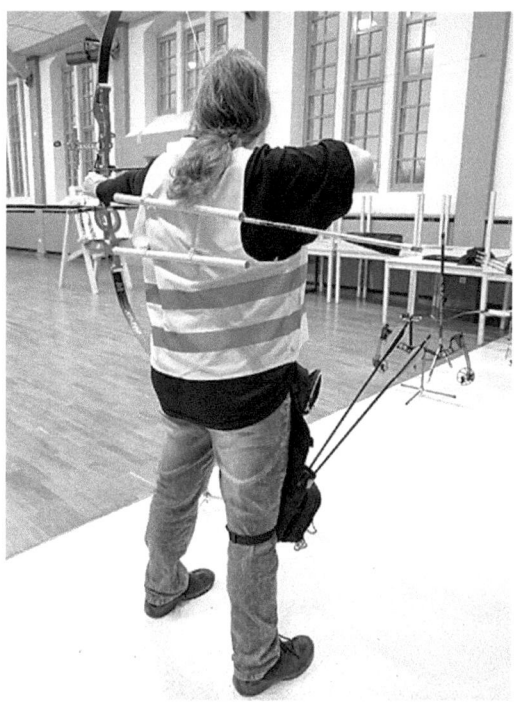

Balancierbrett:

Balancierbretter sind ideal für Gleichgewichtsübungen, Bewegungskoordination und Körperwahrnehmung geeignet.

Damit lassen sich auch sehr schön Schießspiele veranstalten, die gerade Kindern sehr viel Spaß machen.

Anhang 6: Begriffsdefinitionen (Glossar)

3D-Schießen: Disziplin beim Bogenschießen, bei der auf dreidimensionale Kunststofftiere geschossen wird. Meist auf einem Parcours, der durch einen Wald führt.

Anker / Ankerpunkt: Der Punkt, an dem der Zeigefinger der Zughand den Kieferknochen von unten, oder der Tab / Handschuh oder die Hand das Gesicht des Schützen berührt. Er sollte immer an der gleichen Stelle (je nach Disziplin) liegen um sichere und saubere Trefferlagen zu erreichen.

Armschutz: Ein Stück festen Materials, das dazu dient, den Bogenarm vor einer schmerzhaften Berührung durch die Sehne zu schützen. In der Regel ist der Armschutz aus Leder oder einem Kunststoffmaterial. Er liegt an der Innenseite des Unterarms des Bogenarms an. Für Anfänger empfiehlt sich ein Armschutz, welcher Unter- und Oberarm schützt.

Auszug: Der Auszug ist die in Inch gemessene Distanz / Auszugslänge, die der Bogenschütze beim Spannen des Bogens zurücklegt, um zu seinem Ankerpunkt zu kommen. Gemessen wird dabei von der Vorderkante des Bogens. Hiernach richtet sich die nötige Pfeillänge des Schützen. Ebenso sollte der Bogen (die Bogenlänge) zur Auszugslänge des Schützen passen.

Blankbogen: Bogen ohne jegliche Zielhilfe wie Visier und/oder Scope. Je nach Bogensportverband sind weitere Anbaukomponenten erlaubt.

Bogenarm: Arm und Hand, mit der der Bogen gehalten wird.

Bogenlänge: Bezeichnet die Gesamtlänge des Bogens. Diese wird bei Recurvebögen vom unteren bis zum oberen Wurfarm gemessen und angegeben. Es gibt Bögen von 48 Zoll bis 72 Zoll Länge. Welche Länge man verwendet, ist von der Auszugslänge und der Größe des Bogenschützen abhängig. Die Gesamtlänge kann beim Recurvebogen durch unterschiedliche Paarung des Mittelteils mit den Wurfarmen erreicht werden.

Bogenschlinge: Eine Schnurschlaufe, die als Arm- oder Fingerschlinge getragen wird und verhindert, dass dem Schützen der Bogen aus der Hand springt.

Compoundbogen: Der Compoundbogen ist die modernste Ausführung aller Bögen. Er ist im Vergleich mit dem Recurve- oder Langbogen wesentlich kürzer und besitzt an den Wurfarmenden drehbare Camwheels (Cams), die auf die Drehachse wirken.

Aufgrund der exzentrischen Aufhängung der Cams verändert sich der Angriffswinkel und der Hebelarm des Bogens. Die Cams besitzen zwei unterschiedliche Durchmesser auf denen die Kabel und Sehne eingehängt sind. Beim Ausziehen des Bogens entwickelt sich ein nicht linearer Kraftaufwand. Mit steigenden Auszug nimmt die Kraft zunächst stetig zu, um dann beim Überschreiten des sogenannten Gipfel-Zuggewichts stark abzunehmen. Der Bogenschütze hält dann bei dem voll ausgezogenen Bogen nur noch einen Bruchteil des Zuggewichtes. Die Reduzierung kann je nach Ausführung und Einstellung bis zu 80% betragen. Durch diese Kraftreduzierung kann der Schütze den Bogen ruhiger und länger halten, wobei auch das Zielen leichter fällt.

Aufgrund der hohen Abschussgeschwindigkeit werden diese Bögen mit einer mechanischen Auslösehilfe (Release = auslösen, ablassen) geschossen, um die Ablassfehler zu verringern. Ebenso wie beim Recurvebogen kommen noch ein Stabilisatorensystem, eine Visiereinrichtung mit Scope (Vergrößerungslinse) und eine Wasserwaage zum Einsatz.

Druckpunkt: Punkt am Griff, auf dem die Hauptdrucklast der Bogenhand wirkt. Der Druckpunkt sollte links von der Lebenslinie liegen.

Einnocken (Aufnocken): Aufschieben bzw. (bei Klemmnocken) Aufklemmen der Pfeilnocke auf die Sehne.

Feldbogenschießen: Eine Disziplin des Bogensports, bei der der Schütze in einem Gelände schießt. Es wird auf bekannte und unbekannte Entfernungen von 5 - 60 Meter geschossen. Je nach Parcours ist dieses Schießen sehr anspruchsvoll, da z.B. bergauf oder bergab geschossen werden muss und man dabei beim Schätzen der Entfernungen sehr viel Erfahrung braucht.

Fenster (Schussfenster): Großer Ausschnitt im Griffstück des Bogens,dass das Zielen erleichtert.

Fingerschlinge: Band mit Schlaufen, das um Daumen und Zeigefinger gelegt wird und die Funktion einer Bogenschlinge hat.

Geschlossener Stand: Fußstellung des Bogenschützen. Fußspitzen und Fersen stehen parallel zur Schließlinie. Gewichtsverteilung sollte ca. 60% auf den Fußballen und ca. 40% auf den Fersen sein.

Handschock: Rückschlag eines Teils der Schussenergie welches über den Griff in die Hand übertragen wird. Ein starker Handschock wird als sehr störend empfunden und kann auf Dauer sogar Schmerzen oder Verletzungen verursachen.

Instinktives Schießen: Besondere Erscheinungsform beim Bogenschießen, bei der der Schütze auf technische und sonstige Hilfsmittel verzichtet. Er zielt nicht, sondern hat sein "Ziel" lediglich kurz vor Augen, um dann zu lösen. Dabei werden beide Augen offen gehalten.

Klemmnocken: Pfeilnocke, in die die Sehne einrastet.

Klicker: Kleine Metallzunge, die am Schussfenster vor und oberhalb der Pfeilauflage montiert wird. Der Schütze schiebt seinen Pfeil beim Ziehen zwischen den Klicker um das Mittelstück des Bogens. Zieht der Schütze weit genug aus, schnellt der Klicker zurück, schlägt gegen das Mittelstück und es „klickt". Mit dieser Maßnahme kann der Schütze seine Auszugslänge, die immer die Gleiche sein sollte, optimal kontrollieren.

lb, lbs: Kürzel für englische Pfund. Ein übliches Gewichtsmaß im Bogensport. Ein englisches Pfund entspricht 453,59 Gramm.

Leerschuss: Beschreibt das Loslassen der Sehne, ohne dass ein Pfeil eingelegt wurde oder abgeschossen wurde. Leerschüsse lassen das Bogenmaterial stark leiden, was letztendlich die Zerstörung des Bogens und Verletzungen des Schützen zur Folge haben kann. Ein Leerschuss auf einem Compoundbogen führt zum Abspringen der Sehne aus den Cams. Die Sehne sollte umgehend erneuert werden.

Leitfeder / Hahnenfeder: Die Feder, die am Pfeil im rechten Winkel zur Nockenkerbe angebracht ist, zeigt beim Recurve-schützen immer vom Bogen weg und beim Compoundschützen meist nach oben, um eine Berührung mit der Pfeilauflage oder dem Button zu verhindern. In der Regel unterscheidet sich diese Feder farblich von der restlichen Befiederung.

Linksschütze / Linkshandschütze: Der Bogenschütze zieht mit der linken Zughand die Sehne des Bogens aus und hält den Bogen mit der rechten Hand.

Lösen / Ablass: Unter dem Lösen/Ablass versteht man den Moment und die Art des Loslassens der Sehne beim Schuss. Hierbei sollte es zu einem sogenannten passiven Lösen kommen, d.h. die Finger der Zughand werden nicht bewusst geöffnet, sondern nur entspannt. Die Zugkraft des Bogens streckt in dem Moment die Finger der Zughand und rollt gleichmäßig über die Fingerspitzen ab. Die Zughand sollte dabei weitestgehend dem Zugarmellbogen folgen.

Mediterraner Griff: Von der Zughand befindet sich der Zeigefinger oberhalb, der Mittel- und der Ringfinger unterhalb des Pfeils.

Mittelteil: Der mittlere Teil eines Bogens, an dem die Wurfarme angebracht sind.

Mittelwicklung / Mittenwicklung: Umwicklung des mittleren Teils der Sehne, auf dem der Nockpunkt fixiert wird und die vor einer Abnutzung der Sehne durch eine Berührung mit dem Armschutz schützen soll.

Nachhalten (Follow through): Ruhiges Verweilen des Schützen in Schießhaltung nach dem Schuss. Beugt einem verfrühten Sinken lassen der/des Bogenhand/Bogenarms im Schussvorgang vor.

Nock(e): Einkerbung am Ende des Pfeils, mit der der Pfeil auf die Sehne aufgesetzt wird. Für Aluminiumpfeile gibt es sowohl einsetzbare wie aufschiebbare Nocken aus Kunststoff. Kunststoffnocken sind meistens als Klemmnocken ausgeführt.

Nockpunkt: Ist eine Markierung auf der Sehne, die anzeigt, wo der Pfeil aufgesetzt werden muss. Der Nockpunkt wird meist mit Klemmnockpunkten oder durch eine Wicklung fixiert. Der Nockpunkt darf sich nicht verändern und muss immer an derselben Stelle an der Sehne angebracht sein.

Offener Stand: Position der Füße auf der Schießlinie. Fußspitzen und Fersen stehen im Winkel von X-Grad zur Schießlinie. Gewichtsverteilung ca. 60% auf den Fußballen und ca. 40% auf den Fersen.

Parcours: Eine längere Strecke im Gelände, auf dem mehrere Tierscheiben/3D-Ziele aufgestellt sind.

Pfeilauflage: Hilfsmittel zum Auflegen des Pfeils, das im Schussfenster oder, bei Bogen ohne Schussfenster, seitlich am Griffbereich montiert wird.

Pfund: Im Bogensport wird in engl. Pfund (engl. pounds, lbs) gerechnet! Ein englisches Pfund entspricht 453,59 Gramm.

Pivot-Point: Bezeichnet in der Bogentechnik den Drehpunkt, um den der Bogen gedreht werden kann, aber auch den Schwerpunkt oder auch Gleichgewichtspunkt. Beim Bogen ist es der Punkt bezogen auf die Längsachse, bei dem sich der Bogen in der Waage hält. Dieser Punkt sollte idealerweise mit der tiefsten Stelle am Griff (Pivot-Point) übereinstimmen.

Rechtsschütze / Rechtshandschütze: Der Rechtshandschütze zieht mit der rechten Zughand die Sehne und hält mit dem linken Arm den Bogen.

Recurve: Ende des Wurfarms, das sich im Zeitpunkt des Lösens vom Schützen wegbiegt. In diesem Teil des Bogens wird beim "arbeitendem" also mitbiegendem Recurve die meiste potentielle Energie gespeichert. Beim starren Recurve wird lediglich durch den Hebeleffekt eine zusätzliche Beschleunigung erreicht.

Recurvebogen: Der Recurvebogen verdankt seinen Namen dem englischen Begriff recurve was übersetzt *zurückgebogen* bedeutet. Dieses bezieht sich auf die gebogene Form der Wurfarme. Der Bogen besteht aus mehreren Einzelteilen wie den Wurfarmen, dem Mittelstück, der Pfeilauflage und der Sehne. In der olympischen Form kommen noch Visier und Stabilisatoren hinzu. Da durch die zurückgebogenen Wurfarme mehr Energie erzeugt wird, erhöht sich zwangsweise der Wirkungsgrad und die Pfeilflugge-schwindigkeit erhöht sich gegenüber dem Langbogen um ein Vielfaches. Da die Sehne beim Recurvebogen auf den Wurfarmen liegt (beim Langbogen schwingt die Sehne freischwebend) dämpft sie beim Abschuss den sog. Handschock. Ebenso werden die auftretenden Schwingungen durch ein exakt eingestelltes Stabilisatorensystem gemindert.

Schaft: Ein Pfeil ohne Nocke, Spitze und Befiederung. Die Stärken sind meist in Zoll/Inch angegeben. Gebräuchlich sind, je nach Zuggewicht, drei Schaftstärken: 5/16 (8 mm), 11/32 (9 mm) oder 23/64 (9,5 mm). Bei Aluminiumschäften wird die Schaftstärke mit einer vierstelligen Zahl angegeben, z. B. 1816. Die „18" steht dabei für den Außendurchmesser des Pfeils, gemessen in 00/64 Zoll, während die „16" die Wandstärke des Pfeils in tausendstel Zoll angibt.

Schaftgewicht: Eigengewicht der Schäfte, meistens angegeben in Grain. Die Pfeile eines Bogens sollten alle gleich schwer sein, da sonst eine große Streuung in der Höhenlage entsteht. Schäfte mit höherem Gewicht sind langsamer, übertragen aber mehr Energie.

Schaftmaterial: Für traditionelle Pfeile: Holz, Zitterpappel, Zeder, Kiefer, Lärche, Esche oder Bambus. Ansonsten Aluminium, Kohlefaser (Carbon), oder Verbundwerkstoffe (Alu/Carbon).

Sehne: Schnur, die den Bogen spannt. Traditionell aus Tiersehnen, Rohhaut, Hanf, oder Leinen/Flachs; heute jedoch meist aus Kunstfaser (Dacron, Fast-Flight oder ähnlichen Kunststofffasern).

Standhöhe / Spannhöhe: Abstand der Sehne bis zur tiefsten Stelle des Griffes, hier Pivot-Point. Jeder Hersteller gibt für seine Bogen eine bestimmte Standhöhe vor.

Spine: Steifigkeit des Pfeiles.

Spinewert: Steifheitswert eines Pfeils. Dieser Wert wird gemessen, indem man ein Gewicht von 2 lbs auf die Mitte des Schaftes legt, der an seiner Spitze und am Schaftende auf einer Auflage liegt, und dann die dadurch entstehende Durchbiegung misst.

Streifschutz: auch Brustschutz. Schützt bei Rechtshändern nicht nur die linke Brustseite (bei Linkshändern die rechte) vor schmerzhaften Berührungen mit der Sehne, sondern dient auch dazu, die Kleidung an den Körper zu pressen, um so ein Streifen der Sehne am Körper, das ein Ablenken des Pfeils zur Folge haben kann, zu verhindern.

Stützseite: Die Stützseite ist die Körperseite, deren Arm und Hand den Bogen hält. Bei einem Rechtshandschützen ist dies die linke, bei einem Linkshandschützen die rechte Seite.

T: Synonym für das optimale Verhältnis von Wirbelsäule und Schultern beim Bogenschützen. Gerade Wirbelsäule und beide Schultern auf gleicher Höhe und tief gestellt. Besonders bei Bergauf- und Bergabschüssen ist es wichtig, den Körper in der Hüfte zu beugen, damit das **T** im Oberkörperbereich gerade bleibt. Anderenfalls verändert sich die Auszugslänge und damit die Höhenlage der Treffer im Verhältnis zur Visierlinie.

Tab: Fingerschutz, der meist aus Leder besteht. Der Tab liegt zwischen den Fingern und der Sehne und verhindert somit ein schmerzhaftes Lösen der Sehne. Zur Sehnenseite hin oftmals auch mit Fellbesatz.

Tiller: Beschreibt das Biegeverhältnis des unteren Wurfarms zum oberen Wurfarm. Man unterscheidet den statischen und den dynamischen Tiller.

Tillern: Arbeitsschritt der Bogenherstellung, bei dem der Bogen langsam mehr und mehr ausgezogen wird. Dabei wird laufend die Biegung kontrolliert und ggf. korrigiert. Bei Recurvebögen wird der untere Wurfarm getillert. Oft werden auch beide Wurfarme getillert um das Spanngewicht/Auszugsgewicht zu erhöhen.

Tips: Enden der Wurfarme, die hier etwas steifer gearbeitet sind, so dass sie sich beim Auszug nicht mitbiegen.

Tuning: Feinabstimmung des verwendeten Materials der Bogensportausrüstung zur optimalen Ausnutzung ihres Potentials.

Untergriff: Die Sehne wird mit drei Fingern unterhalb des Pfeils gegriffen. Erfordert einen aufgeklemmten Nockpunkt und Klemmnocken, damit der Pfeil beim Auszug nicht verrutscht oder abfällt. Für traditionelles Schießen unüblich.

Wurfarm: Oberer und unterer Teil des Bogens, in dem die potentielle Energie gespeichert wird und der sich beim Auszug biegt. Durch das entspannte Lösen des Bogenschützen wird die gespeicherte Energie frei gegeben. Der Schuss erfolgt und der Pfeil fliegt in Zielrichtung.

Zielauge: Bei jedem Menschen gibt es ein dominantes Auge, d.h. es übernimmt beim Sehen die Führung.

Zuggewicht: Beim Spannen des Bogens die zu überwindende Kraft. Die Vereinigung der Bogenhersteller (AMO) hat sich darauf geeinigt, das Bogenzuggewicht auf eine Standard-Auszugslänge von 28 Zoll zu beziehen. Gemessen wird von der Bogenvorderkante bis zur Nockkerbe. Bei einer längeren Auszugslänge erhöht sich das Zuggewicht des Bogens und bei einer kürzen Auszugslänge verringert sich das auf dem Bogen angegebene Zuggewicht. Zu überprüfen mit einer Bogenwaage.

Zugseite: Arm und Hand der Zugseite zeihen die Sehne. Dies ist bei einem Rechtshandschützen die rechte Körperseite und beim Linkshandschützen die linke Körperseite.

Anhang 7: Literaturverzeichnis

Haidn, Oliver u.a.: Aktiv und fit bleiben mit Bogenschießen. Spitta Verlag, Balingen 2017

Haidn, Oliver u.a.: Bogenschießen – Trainings- und bewegungswissenschaftliche Grundlagen. 2. Auflage. Spitta Verlag, Balingen 2010

Heim, Katja und Wendland, K.M.: Pfeil und Bogen. 8. Auflage. Hugendubel Verlag, München 1997

Henderson, Al: Bogenschießen verstehen heißt siegen. Robin Sport, Dorsten ohne Jahr

Mehlhaff, Bert und Berg, Martina: Bogenpass für Compound-bogen mit Tuning-Tipps. Deutscher Bogensportverlag, Bad Pyrmont 2015

Mehlhaff, Bert und Berg, Martina: Bogenpass für Recurvebogen mit Tuning-Tipps. Deutscher Bogensportverlag, Bad Pyrmont 2015

Mehlhaff, Bert und Berg, Martina: Bogensport im Verein. Gründung und Führung einer Bogensportabteilung. Kindle E-Book. Deutscher Bogensportverlag, Bad Pyrmont 2015

Mehlhaff, Bert und Berg, Martina: Bogensport-Lexikon. Von A wie Ablass bis Z wie Zughand. Kindle E-Book. Deutscher Bogensportverlag, Bad Pyrmont 2015

Mehlhaff, Bert und Berg, Martina: Schießbuch für Bogenschützen. 2. Auflage. Deutscher Bogensportverlag, Bad Pyrmont 2016

Mehlhaff, Bert und Berg, Martina: Schießen mit dem Compoundbogen. Eine kurze Einführung für Einsteiger. Kindle E-Book. Deutscher Bogensportverlag, Bad Pyrmont 2015

Mehlhaff, Bert und Berg, Martina: Sehnenbau und Befiederung. Eine bebilderte Anleitung für Bogenschützen. Kindle E-Book. Deutscher Bogensportverlag, Bad Pyrmont 2015

Mehlhaff, Bert und Berg, Martina: Turnier-Ratgeber für Bogenschützen. Deutscher Bogensportverlag, Bad Pyrmont 2015

Thompson, Maurice: Der Zauber des Bogenschiessens. The Witchery of archery. Vorderegger & Partner GmbH, Koppl 2012

Sachregister

Deutscher Bogensportverlag GbR
Bert Mehlhaff & Martina Berg
Meintetalstr. 3
31812 Bad Pyrmont

Praktische Trainingshilfen für Bogenschützen

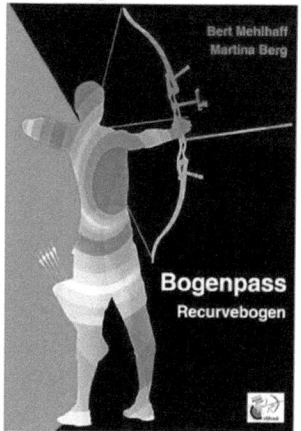

www.deutscher-bogensportverlag.de

Bogensport-Fachgeschäft
Bogensportschule
Bogensportverlag

Training - Kurse - Tuning
Service - Verkauf - Verlag

Bogensport Deutschland - Martina Berg
Ostersiek 35, 32683 Barntrup OT Alverdissen
Telefon: 05262 1687 - E-Mail: info@bogensport-deutschland.de
www.bogensport-deutschland.de